아동 · 청소년을 위한
학습능력 향상 워크북

곽은아 지음

아동 · 청소년을 위한
학습능력 향상 워크북

초판 1쇄 발행 2011년 9월 16일

지 은 이 | 곽은아
펴 낸 이 | 박정희

기획편집 | 권혁기, 이주연, 최미현, 양송희
마 케 팅 | 김범수, 이광택
관　　리 | 유승호, 양소연, 김성은
디 자 인 | 하주연, 김윤희, 이지선
웹서비스 | 이지은, 양채연, 이동민, 윤지혜

펴 낸 곳 | 사회복지전문출판 나눔의집
등록번호 | 제25100-1998-000031호
등록일자 | 1998년 7월 30일

서울시 금천구 가산동 60-3 대륭포스트타워 5차 1105호
대표전화 | 02-2103-2480　팩스 | 02-2624-4240
홈페이지 | www.ncbook.co.kr / www.issuensight.com

ISBN: 978-89-5810-242-7(93330)

책값은 뒤표지에 있습니다.
잘못된 도서는 구입하신 서점에서 교환해 드립니다.

아동 · 청소년을 위한
학습능력 향상 워크북

곽은아 지음

사회복지 전문출판 나눔의집

이름:

나이(학년):

소속(학교):

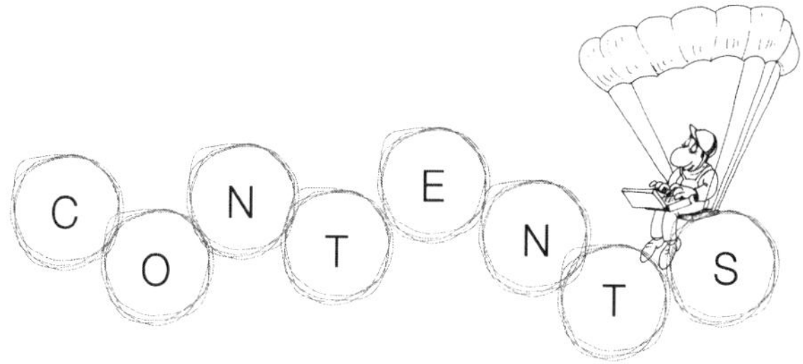

chapter 1. 사고력 · · · · · · · · · · · 008

chapter 2. 주의집중력 · · · · · · · · · 020

chapter 3. 기억력 · · · · · · · · · · · 032

chapter 4. 기초학습능력 · · · · · · · · 046

chapter 5. 메타인지(초인지) 조절 · · · · 058

chapter 6. 인지 · 정서 조절 · · · · · · · 070

chapter 7. 학습동기 조절 · · · · · · · · 082

chapter 8. 시간 · 공간 관리 · · · · · · · 092

chapter 9. 책읽기와 글쓰기 전략 · · · · · 104

chapter 10. 진로결정과 목표수립 · · · · · 116

워크북 활용 가이드 · · · · · · · · · 129

머리말

학생들을 대면하는 교육 현장에서 프로그램 개발과 경도 지적장애 관련 치료나 훈련이 필요하다는 이야기를 자주 들어왔다. 특히 지역아동센터, 공부방, 학교 기관에서 활동하는 교사들은 학습이나 인지수행에 문제가 있는 아이를 발견하면 검사의뢰 혹은 의료 · 상담 센터에 연계하곤 하지만, 꾸준한 치료와 상담이 병행되는 것은 쉽지 않다.

또한 지적장애로 진단되지 않았으나 또래보다는 조금 더 훈련이나 수행이 요구됨에도 특정 수준에 놓고 교육시키기 안타까운 상황과 처지의 학생들이 있는데, 예를 들면 학교 학습을 따라가지 못해 부모 기대에 부응하지 못하거나 기초학습능력의 부족과 정서적 혼란으로 집중이 어려운 아이들이다. 이 학생들은 사회성과 활동수준의 문제로 우울을 겪거나 적응문제를 일으키기도 하는데, 학년이 높아질수록 불안과 충동을 다루는 데 많은 시간과 노력이 필요할 뿐 아니라 반드시 개개인의 특성에 맞는 목표와 교육 · 훈련을 지속적으로 받아야 한다.

이러한 아동 · 청소년들과 함께 이 책을 도구로 사용하게 될 전문가들이라면, 각 아동 · 청소년의 성격과 특성을 잘 파악하고 고려해야 할 것이다. 각 장별로 스텝을 선택할 수 있도록 구성하였고 시각과 관점에 따라 순서와 관계없이 유연하게 활용 가능하다.

다양한 문제로 어려움을 겪는 어린이 · 청소년들과의 대면이 시작된 2000년 초반부터 현재까지 간단한 노트형식으로 만들어 두던 자료가 이제 한 권의 책으로 빛을 보게 되었다. 참여자들이 즐기면서 익힐 수 있도록 그림과 낙서표현의 내용을 아이디어로 엮었으며, 비단 전문가들뿐만 아니라 가정에서도 부모와 형제의 지도 아래 충분히 수행할 수 있도록 노력하였다. 아동과 청소년을 구분한 것에 굳이 얽매일 필요가 없이 사용하는 멘토 혹은 전문가들이 지속적으로 창의성향을 발휘하며 활용할 수 있어야 할 것이다.

배우고 익히는 일, 즉 학습에 영향을 주는 요인을 사고기술과 기억, 주의집중, 인지와 메타인지, 정서, 동기화, 책읽기와 글쓰기 전략, 목표 및 진로인식으로 세분화하였으므로 순서와 상관없이 필요한 부분을 발췌하여 현장에서 유용하게 쓰일 수 있는 자료가 되길 바란다.

아울러 책이 나오기까지 수고와 관심을 아끼지 않은 도서출판 나눔의집 직원들과 꼼꼼하고 세심한 편집을 도맡아준 편집자 이주연 대리에게 짤막한 문장으로나마 고마움을 전한다.

2011. 8.

작업을 마무리하며

chapter 1.

사고력

✲ 날짜: 년 월 일

✲ 시간: 시 분 ~ 시 분

✲ 함께한 사람들:

인간의 사고능력은 인지적 부호화, 저장, 인출로 주어진 정보를 활용하거나 창조적인 무언가를 만들어 낼 정도로 무궁무진하다고 한다. 더불어 비판적이고 논리적이며 분석적인 사고를 통해 현실적인 문제를 해결하기도 한다.

이 장에서는 사고력 향상을 위해 사물의 형태와 특성을 파악, 비교하고 견주어 보면서 상황을 예측, 분별하는 훈련을 한다.

STEP 1
생각하기 연습 ①
생각하기 연습 ②
생각하기 연습 ③

STEP 2
상황을 가정하고 결과 떠올리기 ①
상황을 가정하고 결과 떠올리기 ②
상황을 가정하고 결과 떠올리기 ③
상황을 가정하고 결과 떠올리기 ④

STEP 3
고차적 사고연습 ①
고차적 사고연습 ②
고차적 사고연습 ③

STEP 1

☑ 아 동
☐ 청소년

생각하기 연습 ①

제시된 두 도형의 유사점과 차이점을 탐색해 보자.

1. 두 도형의 비슷한 점은?

2. 두 도형의 다른 점은?

■ 도형을 분해해 보자. 각각의 도형을 구성하고 있는 작은 도형과 선들을 분리해 보자.

☑ 아 동
☑ 청소년

생각하기 연습②

일반편지와 전자우편의 유사점과 차이점을 생각해 보자.

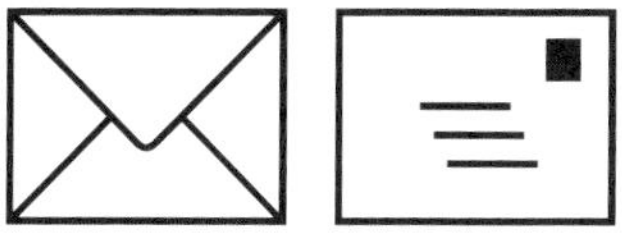

e-mail

1. 일반편지와 전자우편의 공통점은?

2. 일반편지와 전자우편의 차이점은?

■ 편지와 엽서를 비교해 보면?

☐ 아 동
☑ 청소년

생각하기 연습③

빈칸에 알맞은 내용을 추리하여 완성해 봅시다.

1. 빈칸을 채워 보자.

☞ 14 19 24 ( ) 34 39

☞ 2 3 ( ) 7 11 13 17 19

2. 빈칸에 어울리는 화살표 방향을 그려 보자.

☞ ⇄ ⇄ ⇆ ⇇ ( ) ⇄

☞ ⇱ ⇲ ( ) ⇲ ⇱ ( )

3. 괄호 안에 주어진 선에 어울리도록 점을 찍어 보자.

: ∺ ∻ −: (-) (∽)

STEP 2

☑ 아 동
☐ 청소년

상황을 가정하고 결과 떠올리기 ①

만약 우리 집에서 동물을 기른다면, 어떤 일이 벌어질지 상상해 봅시다.

"우리 집에 동물 친구를 맞이해요"

1. 길러보고 싶은 동물에 동그라미를 하거나 직접 적어 보자.

강아지, 고양이, 고슴도치, 햄스터, 앵무새, 열대어
(그밖에 길러보고 싶은 동물이 있다면:)

2. 동물을 기르면 어떤 일이 생길지 생각해 보자.

① ______________________ ② ______________________
③ ______________________ ④ ______________________
⑤ ______________________ ⑥ ______________________

이로운 점	해로운 점

☑ 아 동
☑ 청소년

상황을 가정하고 결과 떠올리기 ②

부모님이 외출하셔서 동생과 둘이 있어요. 나는 어떻게 해야 할까요?

"부모님이 외출하셔서 동생과 함께 있어요"

1. 무엇을 하면 좋을까?
(※ 제시한 일들에 표시하거나 직접 적어 보세요.)

숙제 도와주기, 책 읽어주기, 같이 게임하기, 장난감 갖고 함께 놀기,
그림 그리기, 집안 정리정돈, 텔레비전 보기
(그밖에 함께 할 수 있는 일:)

2. 자신이 선택한 일이 어떤 결과를 가져올까요?

이로운 점	해로운 점

□ 아 동
☑ 청소년

상황을 가정하고 결과 떠올리기 ③

내가 만약 아르바이트를 하게 된다면 어떨까요?

"아르바이트를 통해 내 용돈을 직접 마련한다"

가정: 집 근처에 있는 패스트푸드점에서 주문 받는 일을 하고, 월요일부터 일요일까지 하루 5시간씩 방학동안 오전 11시부터 오후 4시까지 일을 한다.

1. 예상할 수 있는 일들을 정리해 보자.

① ______________________________

② ______________________________

③ ______________________________

④ ______________________________

2. 극복 또는 해결 방안

① ______________________________

② ______________________________

③ ______________________________

④ ______________________________

☐ 아 동
☑ 청소년

상황을 가정하고 결과 떠올리기 ④

현재 내가 겪고 있는 문제들을 생각해 보고 어떻게 해결할 수 있을지도 함께 고민해 봅시다.

"이 문제를 해결할 수만 있다면 더없이 행복하겠어요"

1. 겪고 있는 문제는 무엇인가요?

____

2. 그 문제들이 나에게 주는 좋은 점과 나쁜 점은 무엇일까요?

좋은 점	나쁜 점

3. 문제를 해결할 수 있는 방법들을 생각해 봅시다.

① ______________________________

② ______________________________

③ ______________________________

STEP 3

☑ 아 동
☑ 청소년

고차적 사고연습 ①

친구와 가족 중에 각각 한 사람씩을 떠올려 비슷한 점과 다른 점을 생각해 보세요.

이름 :

특징 :

이름 :

특징 :

1. 두 사람의 비슷한 점은 무엇입니까?

2. 서로 다른 점은 무엇입니까?

☑ 아 동
☑ 청소년

고차적 사고연습 ②

봄과 가을 두 계절을 각각 떠올려 봅시다. 생각한 이미지를 그림으로 표현해 봅시다.

봄	가을

1. 두 계절의 유사점은 무엇입니까?

____

____

2. 서로 다른 점은 무엇입니까?

____

____

☐ 아 동
☑ 청소년

고차적 사고연습 ③

인터넷 게임을 밤낮없이 즐기게 되는 경우, 어떤 일들이 발생하게 될까요?

1. 긍정적인 영향은 무엇인지 생각해 봅시다.

2. 반대로 부정적인 영향은 무엇인지 생각해 봅시다.

chapter 2.

주의집중력

날짜: 년 월 일

시간: 시 분 ~ 시 분

함께한 사람들: ______________________

____

무언가에 열중 또는 몰입하는 힘은 개인의 관심사나 흥미 정도에 따라 다르다. 큰 힘을 들이지 않고도 주의를 기울이며 내내 집중할 수 있는 과제가 있는가 하면 끊임없이 자기 자신을 모니터링하며 어려움을 극복해야만 결과를 얻을 수 있는 과제가 있다. 가능한 한 약한 몰입으로도 단계적으로 성취감을 맛볼 수 있도록 칭찬과 격려에 초점을 맞추는 것이 중요하다.

STEP 1
그림 완성하기 ①
그림 완성하기 ②
그림 완성하기 ③

STEP 2
주의집중 훈련 ①
주의집중 훈련 ②
주의집중 훈련 ③

STEP 3
듣고 말하기 훈련 ①
듣고 말하기 훈련 ②
듣고 말하기 훈련 ③

STEP 1

☑ 아 동
□ 청소년

그림 완성하기 ①

가운데 꽃 모양을 따라 그려 봅시다.

☑ 아 동
☑ 청소년

그림 완성하기 ②

대칭이 되도록 선을 그려 그림을 완성해 봅시다.

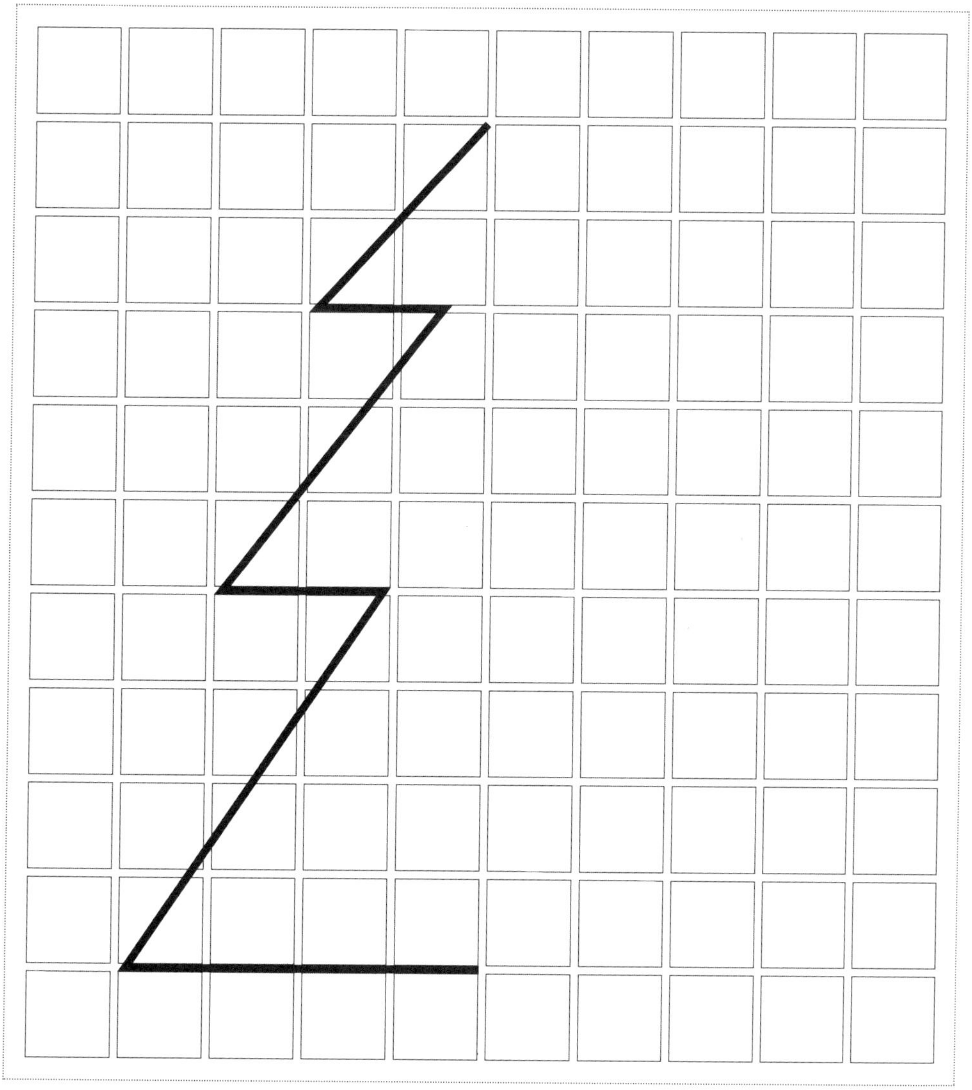

☐ 아 동
☑ 청소년

그림 완성하기 ③

손바닥을 펼쳐 종이 위에 대고 연필로 그려 봅시다.

STEP 2

☑ 아 동
☑ 청소년

주의집중 훈련①

1~25까지의 숫자를 동그라미 표시를 하면서 찾아보세요. 시작한 시간과 마친 시간을 적고, 숫자를 모두 찾는 데 걸리는 시간을 측정해 봅시다.

시작 시간 ______분 ______초______

마침 시간 ______분 ______초______

소요 시간 ______분 ______초______

15	16	11	20	24
19	7	22	2	6
14	3	25	18	13
12	8	23	21	5
4	17	1	10	9

☑ 아 동
☑ 청소년

주의집중 훈련②

1~49까지의 숫자를 동그라미 표시를 하면서 찾아보세요. 시작한 시간과 마친 시간을 적고, 숫자를 모두 찾는 데 걸리는 시간을 측정해 봅시다.

시작 시간 ______분 ______초______

마침 시간 ______분 ______초______

소요 시간 ______분 ______초______

33	43	44	5	11	48	49
6	22	26	1	20	32	19
34	17	21	10	45	2	18
36	40	35	27	12	31	7
24	3	25	37	23	38	8
41	16	47	39	9	30	28
14	15	42	4	46	29	13

☐ 아 동
☑ 청소년

주의집중 훈련③

1~100까지의 숫자를 동그라미 표시를 하면서 찾아보세요. 시작한 시간과 마친 시간을 적고, 숫자를 모두 찾는 데 걸리는 시간을 측정해 봅시다.

시작 시간 ______분 ______초______

마침 시간 ______분 ______초______

소요 시간 ______분 ______초______

3	10	27	46	53	78	72	62	33	20
96	56	63	69	86	17	93	47	57	41
28	94	100	83	32	1	42	54	95	67
97	11	92	73	64	37	82	61	84	4
55	89	22	45	70	38	26	21	9	58
65	76	85	7	31	91	14	60	99	16
15	98	23	52	66	43	81	77	71	6
24	39	2	87	44	36	5	48	34	49
29	75	90	79	30	51	80	59	25	40
88	12	13	74	18	8	68	50	35	19

STEP 3

☑ 아 동
☑ 청소년

듣고 말하기 훈련①

선생님이 들려주는 문장을 잘 듣고 똑같이 말해 봅니다.

(※예시문은 워크북 활용 가이드 참조)

1.

2.

3.

☑ 아 동
☑ 청소년

듣고 말하기 훈련 ②

선생님이 들려주는 구절을 잘 듣고 질문에 답해 봅시다.

(※ 예시문은 워크북 활용 가이드 참조)

1.

2.

☐ 아 동
☑ 청소년

듣고 말하기 훈련 ③

선생님이 들려주는 내용을 잘 듣고 각각의 질문에 답해 봅시다.

(※ 예시문은 워크북 활용 가이드 참조)

1. 다음 설명을 잘 듣고 질문에 답해 보세요.

2. 다음에서 주장하는 바를 한 문장으로 요약한다면?

MEMO

chapter 3.

기억력

날짜: 년 월 일

시간: 시 분 ~ 시 분

함께한 사람들:

감정을 수반한 정보는 기억이 더 잘 되는 것으로 알려져 있는데, 일상생활에서도 의미와 감각은 기억에 상당한 도움을 준다. 이를 활용하여 나름대로 사물을 분류하도록 하고 심상을 만들어 내는 작업으로 기억하는 법을 익히도록 하였다.

STEP 1

단어 기억연습
연상을 이용한 기억연습 ①
연상을 이용한 기억연습 ②

STEP 2

분류에 따른 기억연습 ①
분류에 따른 기억연습 ②
분류에 따른 기억연습 ③

STEP 3

그림을 통한 기억연습 ①
그림을 통한 기억연습 ②
그림을 통한 기억연습 ③

STEP 1

☑ 아 동
☑ 청소년

단어 기억연습

다음의 단어들을 외운 후 책을 덮고 떠올려 봅시다.
제시된 단어들 밑에 각자 자기만의 암기 순서대로 적어 보세요.

1. 꽃병, 책상, 연필, 가방, 의자, 스웨터

2. 장미, 백합, 튤립, 안개꽃, 아카시아

3. 사과, 포도, 감, 수박, 배

☑ 아 동
☑ 청소년

연상을 이용한 기억연습 ①

선생님이 들려주는 장면을 머릿속에 떠올려 봅니다.
그리고 상자 안에 떠오르는 장면을 그려 보세요.
(※ 예시문은 워크북 활용 가이드 참조)

■ 선생님의 질문에 답해 봅시다.

☐ 아 동
☑ 청소년

연상을 이용한 기억연습 ②

선생님이 들려주는 장면을 머릿속에 떠올려 봅니다.
다음 상자 안에 떠오르는 장면을 그려 보세요.
(※ 예시문은 워크북 활용 가이드 참조)

■ 선생님의 질문에 답해 봅시다.

STEP 2

☑ 아 동
☑ 청소년

분류에 따른 기억연습 ①

다음의 단어들을 암기해 봅시다.
단어들을 가리고 아래의 그림에 맞게 분류하면서 적어 봅시다.

늑대, 얼룩말, 토끼, 이리, 다람쥐, 사슴, 사자

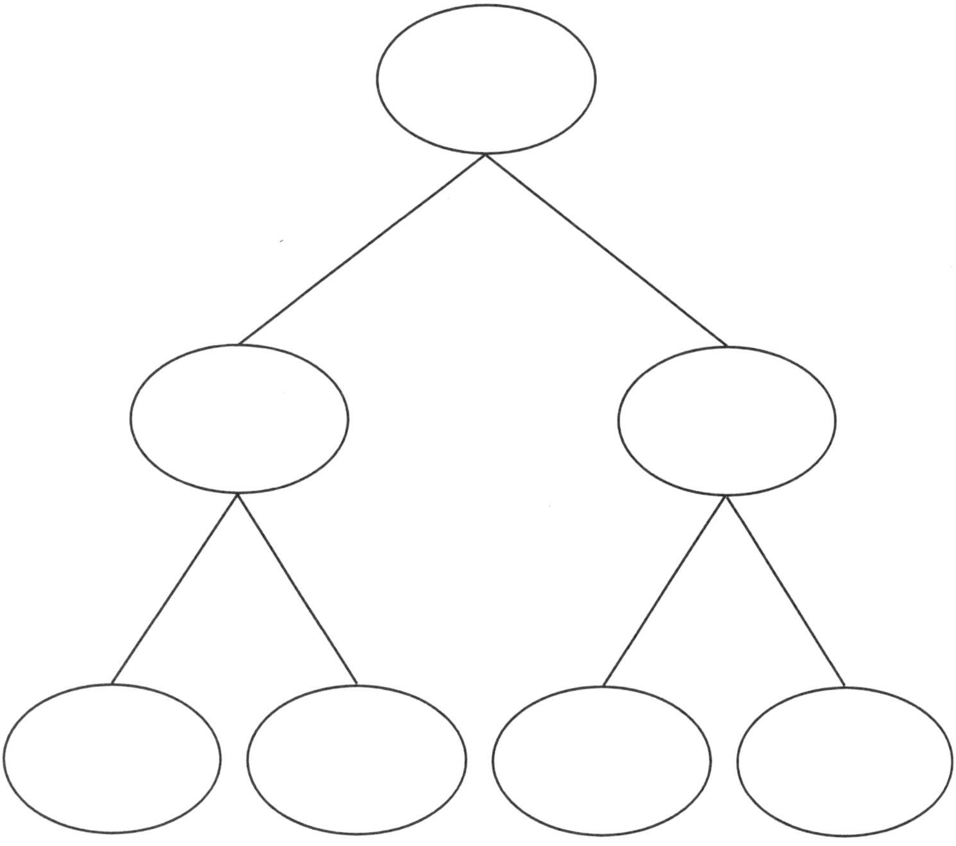

☑ 아 동
☑ 청소년

분류에 따른 기억연습 ②

제시된 단어들을 암기한 뒤 가리고 다음의 분류에 따라 정리해 보세요.
그럼, 지금부터 아래의 단어들을 외워 볼까요?

다시마, 냉이, 미역, 시금치 파, 조개, 무, 당근, 고구마, 감자, 파래, 부추

바다에서 나는 해조류	육지에서 나는 채소류

☑ 아 동
☑ 청소년

분류에 따른 기억연습 ③

스스로 나름의 분류 기준을 만들어 다음 단어들을 분류하여 외워 봅시다.

자전거, 버스, 골프, 첼로, 플루트, 축구, 비행기, 볼링, 오토바이, 스파게티, 마차, 김치, 하프, 김밥, 피아노, 배구, 스키점프, 비빔밥, 바이올린, 버터, 치즈, 헬리콥터, 우유, 피자, 기차, 수영, 시금치

분류 1. ______________________________

분류 2. ______________________________

분류 3. ______________________________

분류 4. ______________________________

분류 5. ______________________________

분류 6. ______________________________

STEP 3

☑ 아 동
☑ 청소년

그림을 통한 기억연습 ①

오늘은 소풍가는 날입니다. 잘 어울리는 옷도 입혀주고 예쁘게 꾸며 주세요.

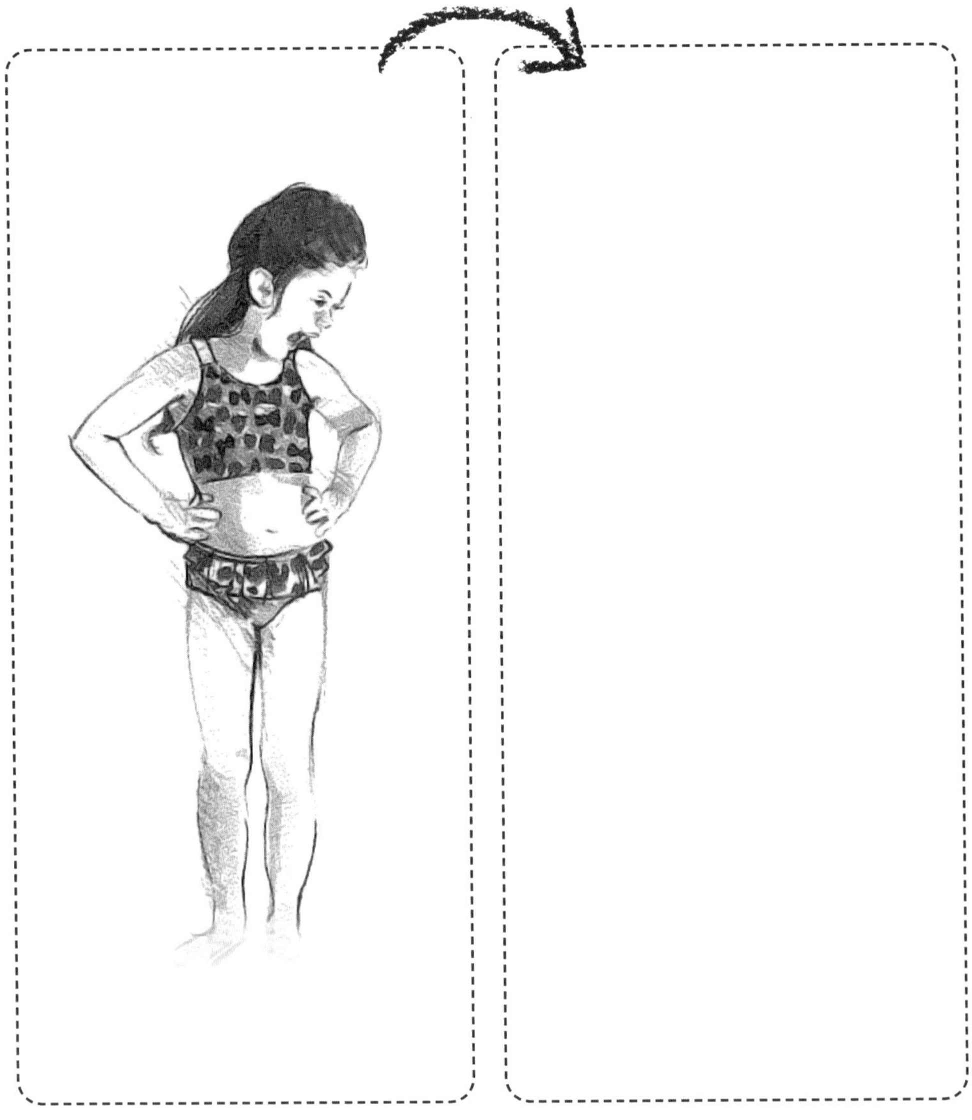

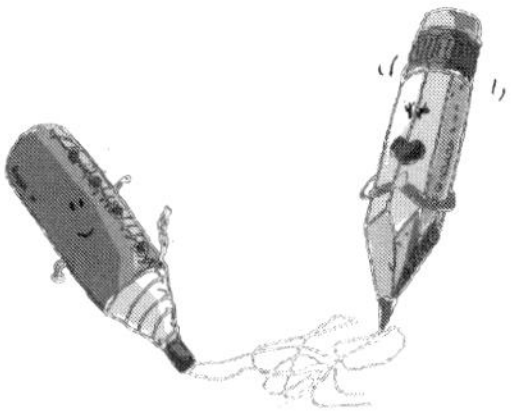

☑ 아 동
☑ 청소년

그림을 통한 기억연습②

우리의 얼굴을 구성하고 있는 눈, 귀 등의 내부모양과 기능을 생각해 봅시다.

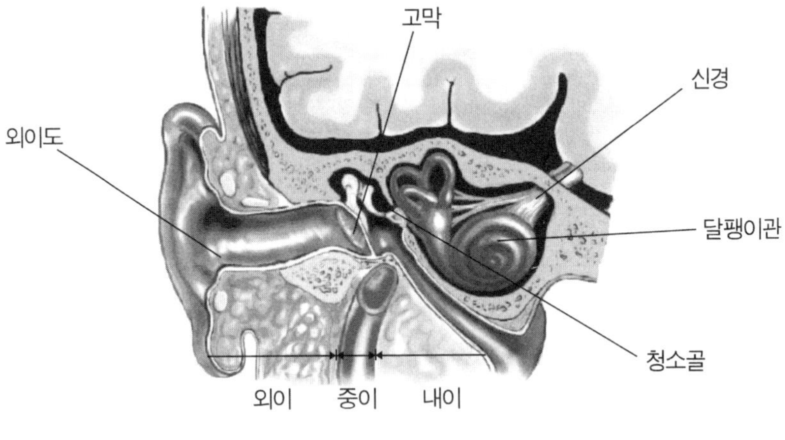

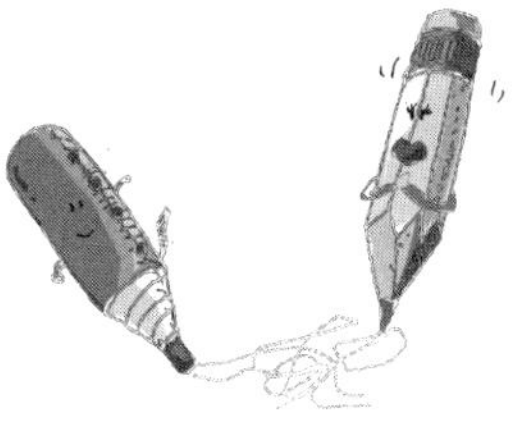

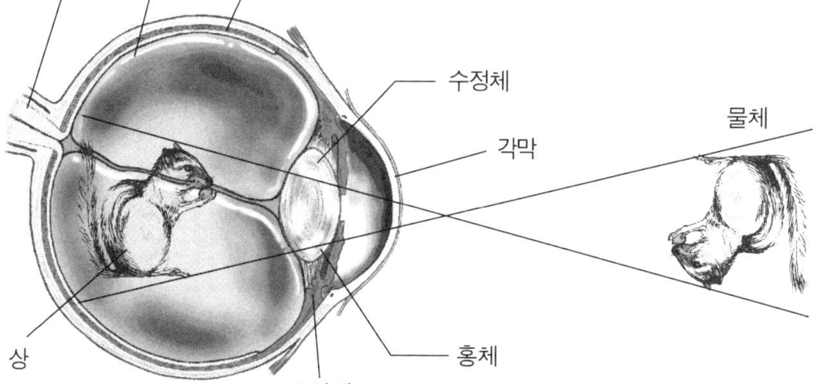

시신경
망막
맥락막
수정체
물체
각막
상
홍체
모양체

그림을 통한 기억연습 ③

지도에 각 국가의 이름을 적어보고 각 나라의 국기나 특징 등도 함께 생각해 봅시다.

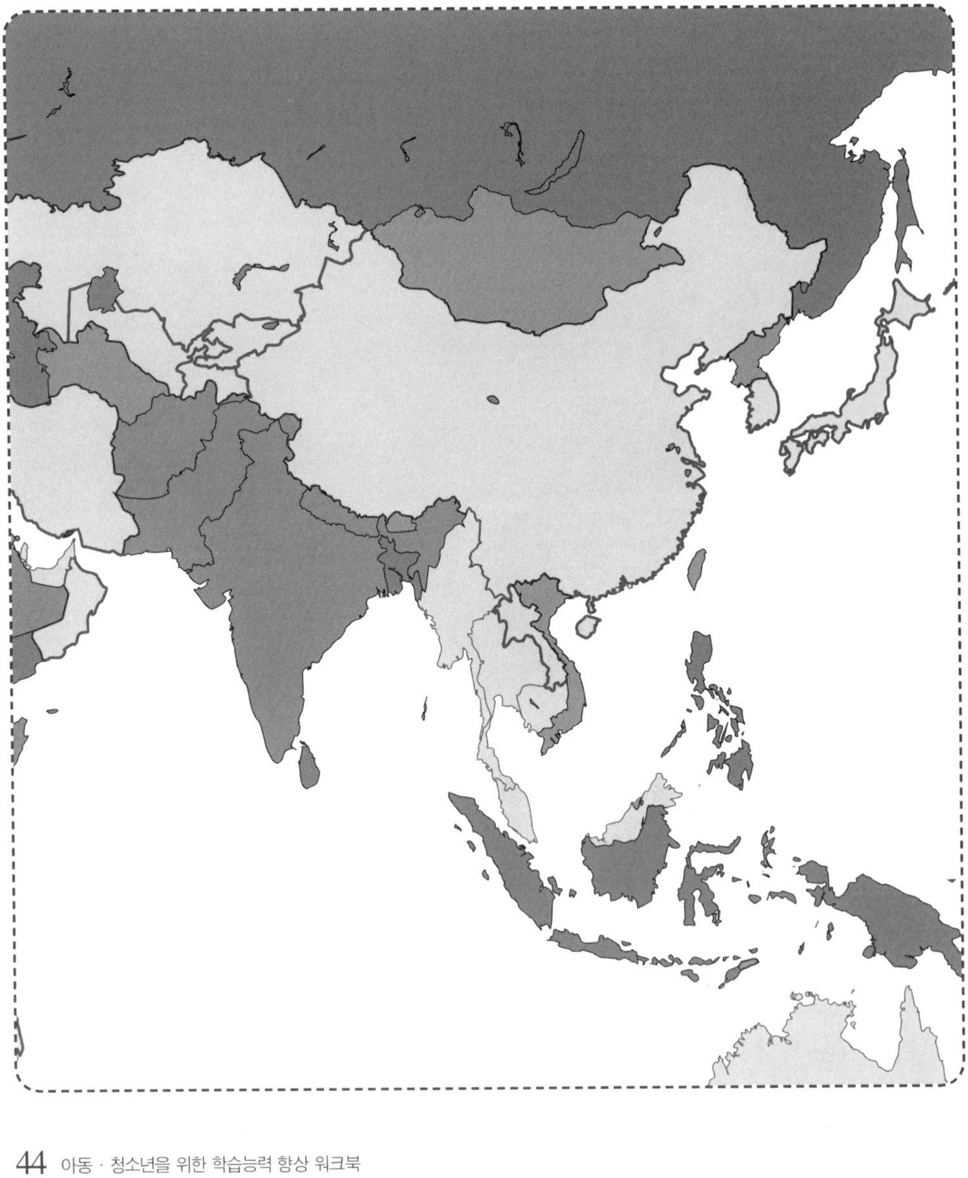

MEMO

chapter 4.

기초학습능력

✻ 날짜: 년 월 일

✻ 시간: 시 분 ~ 시 분

✻ 함께한 사람들:

어휘를 풍부하고 고르게 사용하면 사고의 폭이 넓어지고 생활 속 기본 지식도 함께 늘어날 수 있다. 이 장에서는 단어를 인식하도록 하는 훈련이 반복적으로 수행되며, 개인의 외부세계에서 일어나는 크고 작은 사건들에 대해서도 관심을 갖도록 돕는다.

STEP 1

단어 익히기 ①
단어 익히기 ②
단어 익히기 ③

STEP 2

단어 활용 ①
단어 활용 ②
단어 활용 ③

STEP 3

육하원칙의 완성 ①
육하원칙의 완성 ②
적절한 용어찾기

STEP 1

☑ 아 동
☑ 청소년

단어 익히기 ①

제시된 자음이 들어가는 단어들을 아는 대로 모두 나열해 보세요.

(ㅈ) 지렁이, ______________________

____

(ㅇ) 아침, ______________________

____

(ㄹ) 라면, ______________________

____

(ㅎ) 호떡, ______________________

____

(ㄴ) 나무, ______________________

____

(ㄷ) 다람쥐, ______________________

____

(ㅂ) 버섯, ______________________

____

☑ 아 동
☑ 청소년

단어 익히기 ②

제시된 모음이 들어가는 단어들을 아는 대로 모두 나열해 보세요.

(ㅏ) 나비, ________________

____

(ㅓ) 처음, ________________

____

(ㅗ) 소식, ________________

____

(ㅜ) 우유, ________________

____

(ㅕ) 여의주, ________________

(ㅔ) 세상, ________________

(ㅖ) 예절, ________________

(ㅐ) 도깨비, ________________

(ㅘ) 과일, ________________

(ㅢ) 의사, ________________

☐ 아 동
☑ 청소년

단어 익히기 ③

제시된 글자가 들어간 단어를 적어 봅니다.

(가) 가로수, ______________________

(나) 나라, ______________________

(도) 도시, ______________________

(무) 무술, ______________________

(바) 바다, ______________________

(수) 수학, ______________________

(어) 어린이, ______________________

(지) 지갑, ______________________

(타) 타협, ______________________

(하) 하루, ______________________

STEP 2

☑ 아 동
☑ 청소년

단어 활용 ①

아래 빈칸에 알맞은 단어를 적어 봅니다.

1. 연필로 쓰고 (   )(으)로 지운다.

2. (   )을/를 읽는다.

3. (   )은/는 멍멍, (   )은/는 야옹야옹.

4. (   )(으)로 물고기를 잡는다.

5. 바닷물은 (   ) 맛이 난다.

6. 옷을 입고, (   )을/를 신는다.

7. 낮에는 해가 뜨고, 밤이 되면 (   )이/가 뜬다.

☑ 아 동
☑ 청소년

단어 활용 ②

제시된 문장의 빈칸을 채워 문장을 완성시켜 봅시다.

1. 봄 햇살이 따스하게 (   ).

2. 사이좋은 친구들이 벤치에 나란히 (   ).

3. 산에 흰 눈이 (   ).

4. 강물에 물고기가 (   ).

5. 여름 매미가 (   ).

6. 가을에는 잎이 붉게 (   ).

7. 강아지가 날아다니는 나비를 보며 꼬리를 (   ).

☑ 아 동
☑ 청소년

단어 활용 ③

아래 빈칸에 알맞은 단어를 적어 봅니다.

1. 준서는 어제 학교에서 (   ).

2. 민희가 내일 발표를 (   ).

3. 이미 때가 (   ).

4. 학교 갔다 돌아오면 (   ).

5. 텔레비전에서 멋진 가수가 노래를 (   ).

6. 여수선한 책상 위를 말끔히 (   ).

7. 숲으로 난 오솔길을 걷다 보면 기분이 (   ).

STEP 3

☑ 아 동
☑ 청소년

육하원칙의 완성 ①

육하원칙을 전제로 그림을 설명해 봅시다.

누 가 ______________________________

어디서 ______________________________

무엇을 ______________________________

어떻게 ______________________________

누 가 ______________________________

어디서 ______________________________

무엇을 ______________________________

어떻게 ______________________________

☐ 아 동
☑ 청소년

육하원칙의 완성 ②

다음에 제시된 문장들을 알맞게 완성해 주세요.

1. 아침이 되자 토끼가 옹달샘에서 잠을 깨기 위해 ______________________ 한다.

2. 산 속에 살고 있는 멧돼지 한 마리가 위해 저녁거리를 찾기 위해 코를 킁킁거리며 여기저기 ______________________.

3. 해가 질 무렵 풀숲에 앉아 알을 품던 어미 꿩이 졸린 듯 크게 ________________ 폅니다.

4. 비오는 날에는 ________________ 서로 부딪히지 않도록 유의하여 길을 걸어야 합니다.

☐ 아 동
☑ 청소년

적절한 용어 찾기

다음 문장에 들어갈 적당한 단어를 생각해 보세요.

1. 얼룩말은 (   )을/를 지어 생활한다.

2. 형이 고등학교에 (   )했다.

3. 소방관이 위험을 (   )하고 불길에 뛰어들었다.
   3-1. 십년 (   )했다.
   3-2. 이번 소풍은 불편함을 (   )하더라도 야외로 가자.

4. 물은 스스로 맑게 만드는 (   ) 능력이 있다.
   4-1. 어느덧 (   )이/가 지나 하루해를 넘겼다.

5. 액체가 얼면 (   )이/가 된다.
   5-1. 기체는 액체가 (   )한 상태다.

6. 난민들은 (   )에 허덕였다.

MEMO

chapter 5.

메타인지(초인지) 조절

날짜: 년 월 일

시간: 시 분 ~ 시 분

함께한 사람들:

메타인지는 초인지라는 용어로도 표현되며, 이 장에서는 스스로 알고 있음을 알도록 하는 과정에 초점을 맞추었다. 스스로 존재하고 활동하는 모습을 항상 인식하는 능력은 보다 나은 행동은 물론 긍정적인 태도를 기대하게 한다. 학습에 있어서도 교과서 속의 구체적인 내용을 일일이 익혀나가는 자신을 눈여겨 볼 수 있다.

STEP 1

내 모습을 머릿속 영상으로 ①
내 모습을 머릿속 영상으로 ②
내 모습을 머릿속 영상으로 ③

STEP 2

교실 안의 나
교과서를 펼쳐라
교과서를 내 머릿속으로

STEP 3

이미지 트레이닝 ①
이미지 트레이닝 ②
이미지 트레이닝 ③

STEP 1

☑ 아 동
☑ 청소년

내 모습을 머릿속 영상으로 ①

잠시 눈을 감고, 자신의 모습을 생각해 보는 시간입니다.

눈을 잠시 감고

현재 자신의 모습을 떠올려 봅니다.

마치 사진이나 만화, 영화의 한 장면처럼,

그리고

책상 앞에 앉아

가만히 책을 읽고 있는

자신의 모습을 떠올려 봅시다.

☑ 아 동
☑ 청소년

내 모습을 머릿속 영상으로 ②

최근 가장 즐겁고 행복했던 때를 떠올려 봅시다.

■ 언제입니까?

____

■ 어느 장소입니까?

____

■ 나는 어떤 표정을 짓고 있나요?

____

■ 주변에는 무엇이 보입니까?

____

____

____

____

☑ 아 동
☑ 청소년

내 모습을 머릿속 영상으로 ③

최근 읽었던 동화책이나 소설 등 각종 책을 떠올립니다.

■ 제목은?

■ 나에게 주인공의 역할을 맡겨 볼까요?

■ 극 중 나의 모습은 어떻습니까?

STEP 2

☑ 아 동
☑ 청소년

교실 안의 나

눈을 잠시 감고 현재 자신의 모습을 떠올려 봅니다.

어제, 혹은 주중에 한 요일,
학교 수업 장면을 떠올릴 수 있습니까?

칠판과 선생님, 주변의 친구들,
그리고 앉아있는 자신의 모습을 잠시 떠올립니다.

■ 무슨 과목시간입니까?

___

■ 무엇에 대해 선생님이 설명을 하고 있나요?

___

■ 느껴지는 모든 감정과 떠오르는 단어들을 기록합니다.

___

___

___

___

□ 아 동
☑ 청소년

교과서를 펼쳐라

눈을 잠시 감고 현재 자신의 모습을 떠올려 봅니다.

교과서를 펼치고 있습니까?

■ 무슨 과목 책인가요?

■ 어떤 내용을 담고 있는 책인가요?
펼쳐진 교과서를 좀 더 유심히 들여다 보세요. 그 곳엔 어떤 내용을 설명하고 있나요?

☐ 아 동
☑ 청소년

교과서를 내 머릿속으로

교과서에 나오는 그림과 안내 표식을 떠올려 볼까요?

STEP 3

☐ 아 동
☑ 청소년

이미지 트레이닝 ①

지금 나의 모습과 변화된 모습을 상상해 보는 시간입니다.

1. 머릿속이 복잡해진 나의 모습을 그려 보세요.

2. 어떻게 바꾸어 볼까요?

☐ 아 동
☑ 청소년

이미지 트레이닝 ②

집중이 안 될 때 내 머릿속에서 일어나는 일들, 온갖 잡념들을 꺼내어 보자.

☐ 아 동
☑ 청소년

이미지 트레이닝 ③

나만의 머릿속 내 공간, 나는 요즘 무슨 생각들로 가득 차 있을까요?

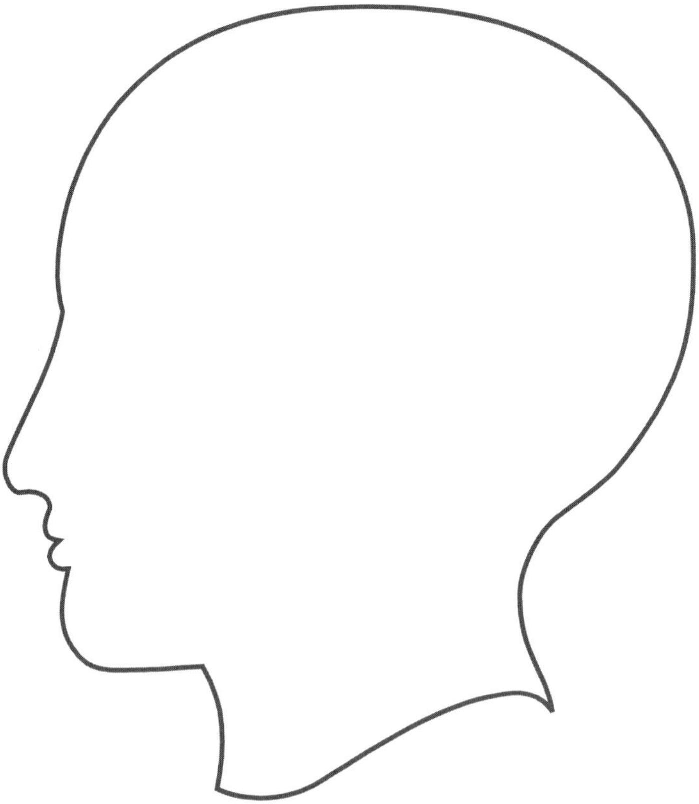

MEMO

chapter 6.

인지 · 정서 조절

날짜: 년 월 일

시간: 시 분 ~ 시 분

함께한 사람들:

아동 · 청소년이 스스로 인지와 정서를 이해하고 알아차리면, 일정 범위 안에서 심리적으로 건강한 삶을 유지할 수 있을 것이다. 부모의 기대수준, 사회에서 요구하는 기대수준에 부응할 수밖에 없는 성장기 학생들은 더욱 더 자신의 감정을 인식하고 상대방과 공감할 수 있는 기회를 확대해 나가야 할 것이다. 감정과 이성의 조화를 위해 훈련하는 습관은 삶을 보다 풍요롭게 해줄 것이다.

STEP 1
나의 감정 알아차림
두 감정
일상 속 나의 감정

STEP 2
상황 속 나의 감정 ①
상황 속 나의 감정 ②
상황 속 나의 감정 ③

STEP 3
감성과 이성의 조화 ①
감성과 이성의 조화 ②
감정과 이성의 조화 ③

STEP 1

☑ 아 동
☑ 청소년

나의 감정 알아차림

오늘 내 기분은 어떤지 표현해 보는 시간입니다. 제시된 단어들 중 현재 자신의 기분이 가장 잘 표현된 단어에 ◯로 표시해 봅니다.

상쾌해 차가워! 괜찮아 침착해 우울해
아쉬워 자신만만 비참해 무기력 담담해
최고야! 울고 싶을 뿐 쾌활해 발랄한 기분
날아갈 것 같은 의기소침 정신이 맑아
세상에 혼자인 느낌 즐거워 외로워

■ 그밖에 나만의 단어가 있다면?

☑ 아 동
☑ 청소년

두 감정

감정이 담긴 나의 표정들을 그려 봅시다.

■ 내 표정1

어느 때 주로 짓는
표정입니까?

____

____

■ 내 표정2

어느 때 주로 짓는
표정입니까?

____

____

☑ 아 동
☑ 청소년

일상 속 나의 감정

그동안 몰랐던 나의 얼굴들은 어떤 모습일까?

________________ 때

________________ 때

평상시 내 모습

________________ 때

________________ 때

STEP 2

☐ 아 동
☑ 청소년

상황 속 나의 감정 ①

달라지는 나의 느낌들을 글로 써 봅시다.

친한 친구긴 하지만 수업 때마다 매번
샤프심이며 지우개를 빌려 달라고 한다.

■ 이럴 때 나의 감정은?

■ 또는 나를 귀찮게 하는 친구의 좋지 않은 행동들

■ 이 감정을 어떻게 처리할까?

☐ 아 동
☑ 청소년

상황 속 나의 감정 ②

달라지는 나의 느낌들을 글로 써 볼까요?

컴퓨터를 켠지 10분 밖에 지나지 않았다.
그런데 어머니가 그만 멈추고 책을 보라고 하신다.

■ 이럴 때 나의 감정은 어떨까?

■ 그 감정을 어떻게 표현할 수 있을까?

□ 아 동
☑ 청소년

상황 속 나의 감정 ③

달라지는 나의 느낌들을 표현해 봅시다.

친구가 내 일기장을 몰래 보고 있었다.

■ 이럴 때 나의 감정은 어떨까?

■ 그 감정을 어떻게 표현할 수 있을까?

STEP 3

☐ 아 동
☑ 청소년

감성과 이성의 조화 ①

생각과 느낌의 균형감각을 키워 봅시다.

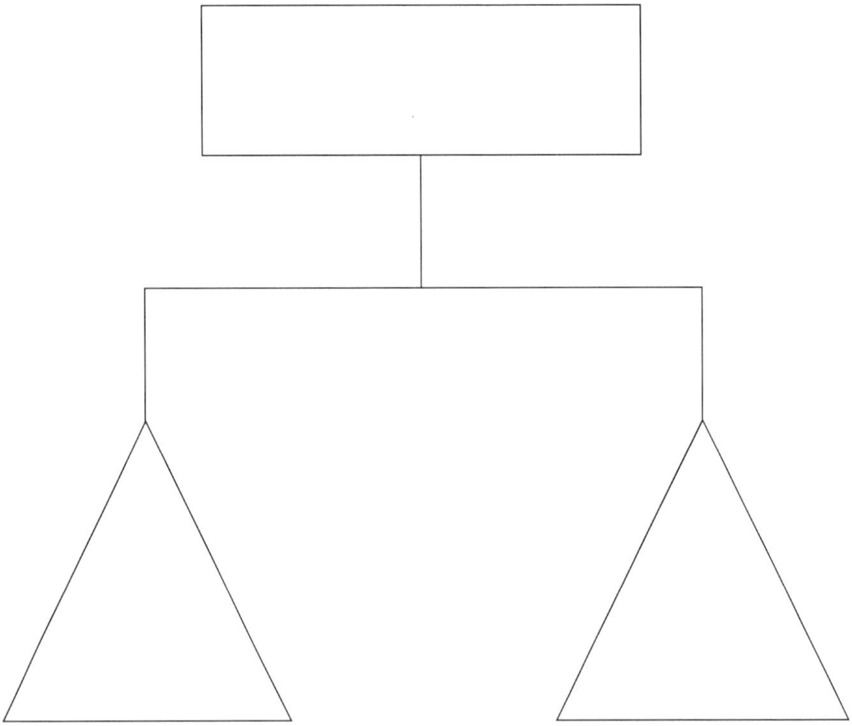

□ 아 동
☑ 청소년

감성과 이성의 조화 ②

생각과 느낌의 균형감각을 길러 봅시다.

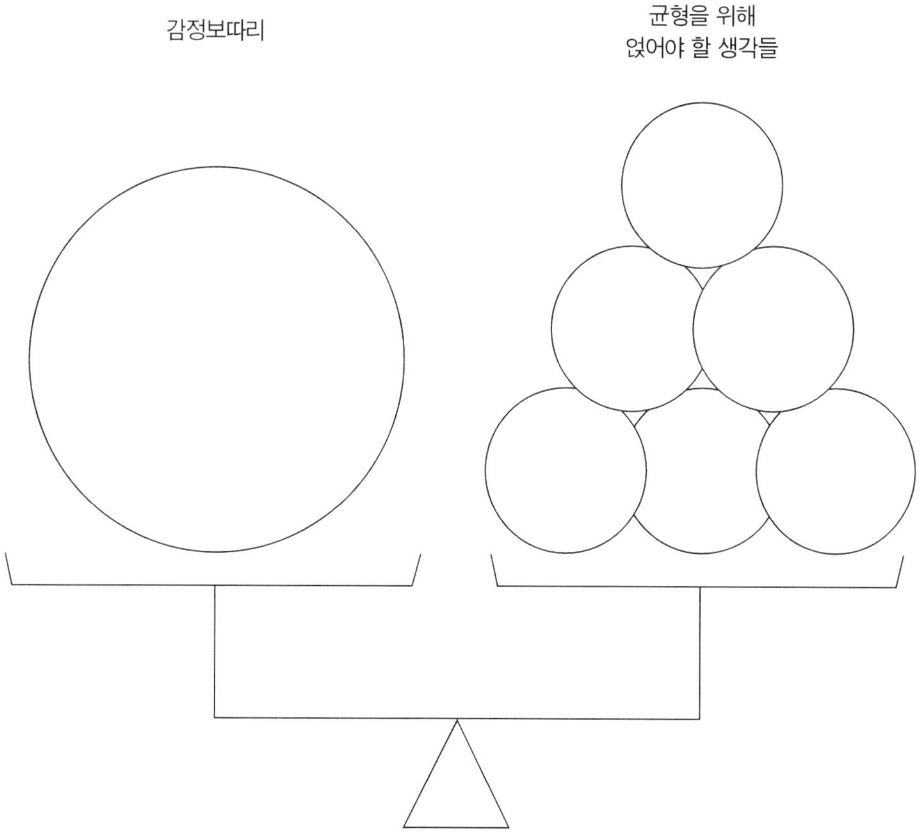

□ 아 동
☑ 청소년

감정과 이성의 조화 ③

달라지는 나의 느낌과 생각들을 표현해 본다면?

24시간 시시각각 달라지는 나의 느낌과 생각들

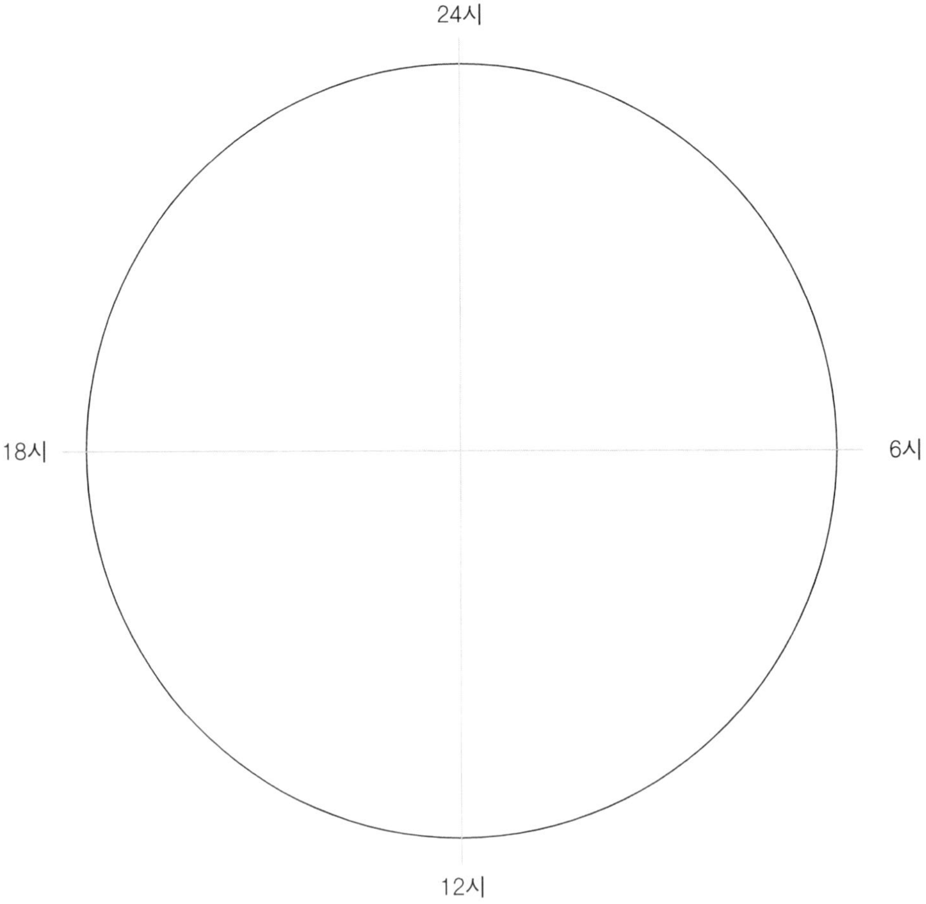

MEMO

chapter 7.

학습동기 조절

✻ 날짜: 년 월 일

✻ 시간: 시 분 ~ 시 분

✻ 함께한 사람들:

학업수행에서 뛰어난 성과를 내는 학생들은 학습과 관련한 동기를 조절하고 유지하기 위해 끊임없이 전략을 만들어 내고 활용하는 것으로 알려져 있다. 예를 들면, 성취 이후의 만족감을 떠올리거나 다양한 보상을 추구하거나 칭찬을 받고 싶어 한다거나 또래집단의 관심과 수용에 대한 기대감 등이 학습동기와 관련된다.

STEP 1

하기 싫지만 반드시 해야 할 일이 있다면?
좋아하는 과목과 싫어하는 과목 균형잡기
제대로 하려면?

STEP 2

열매의 탄생
지식의 탄생
습관의 탄생

STEP 3

배워서 얻는 유익 ①
배워서 얻는 유익 ②

STEP 1

☑ 아 동
☑ 청소년

하기 싫지만 반드시 해야 할 일이 있다면?

싫어도 해야 되는 일들을 적어 볼까요?

■ 하기 싫은 일 목록

☹ ______________________________

☹ ______________________________

☹ ______________________________

☹ ______________________________

☹ ______________________________

■ 정말로 하지 않는다면 어떻게 될까?

☻ ______________________________

☻ ______________________________

☻ ______________________________

☻ ______________________________

☻ ______________________________

☑ 아 동
☑ 청소년

좋아하는 과목과 싫어하는 과목 균형잡기

좋거나 싫거나, 그 이유는 무엇일까요?

■ 좋아하는 과목과 그 이유

■ 싫어하는 과목과 그 이유

☑ 아 동
☑ 청소년

제대로 하려면?

해야만 하는 일들을 제대로 하려면 어떻게 해야 할까요? 할 일들을 나열하고 매회 기록해 봅시다.

할 일들	1	2	3	4	5	6	7	선물

STEP 2

☑ 아 동
☑ 청소년

열매의 탄생

열매가 열리는 과정을 그려 볼까요?

사과나무에 사과가 열리기까지

씨앗

묘목

사과꽃

열매

비바람

햇빛

□ 아 동
☑ 청소년

지식의 탄생

머릿속에서 지식이 어떻게 생겨 날까요?

앎

뼈대

머릿속

지식

입력상태

망각의 위기

☐ 아 동
☑ 청소년

습관의 탄생

습관은 어떻게 자라나는지 생각해 보는 시간입니다.

별로 힘들이지 않고 할 수 있는 일은
무엇이 있을까?

자전거 타기,
외출 후 집에 찾아오기,
침대에 누워 잠들기,
식탁 앞에 앉아 밥 먹기,
소파에 앉아 텔레비전 보기 …

■ 나는...

STEP 3

☐ 아 동
☑ 청소년

배워서 얻는 유익 ①

배움으로써 얻는 좋은 결과는 무엇일까요?

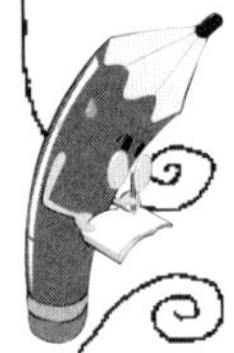

□ 아 동
☑ 청소년

배워서 얻는 유익 ②

배움으로 얻는 즐거움은 무엇일까요?

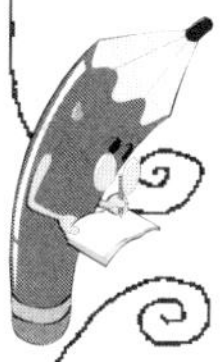

chapter 8.

시간 · 공간 관리

날짜: 년 월 일

시간: 시 분 ~ 시 분

함께한 사람들:

자원이 한정되어 있다는 인식은 보다 나은 노력을 기울이고 효율성을 기르게 한다. 주어진 시간과 공간을 자원으로 이해하고 제대로 활용하도록 돕는 훈련은 주도적인 생활과 학습 습관을 만드는 데 중요한 역할을 할 것이다.

STEP 1

나의 하루
시간 관리에 대하여
나의 생활습관 점검하기

STEP 2

공부방 점검하기
책상 위 점검하기
나만의 공부방 꾸미기

STEP 3

시간 활용하기
우선순위 정하기
목표를 세우고 계획하기

STEP 1

☑ 아 동
☑ 청소년

나의 하루

하루 24시간 나의 모습을 기록해 볼까요?

주 중

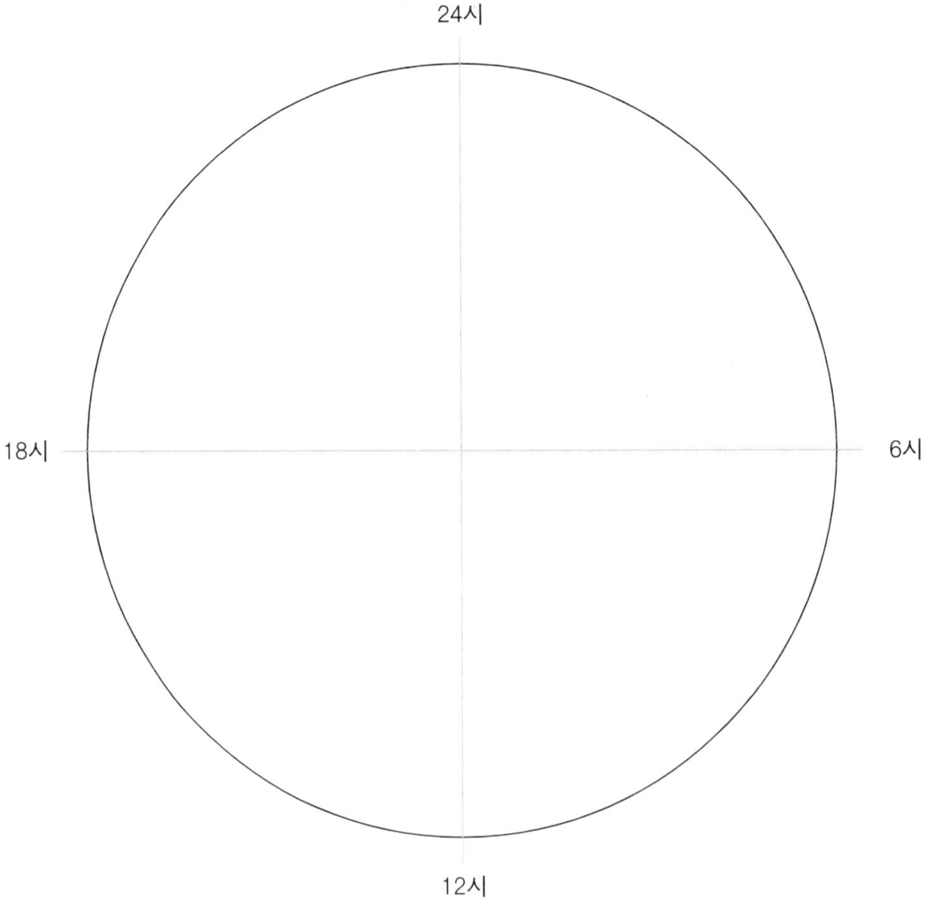

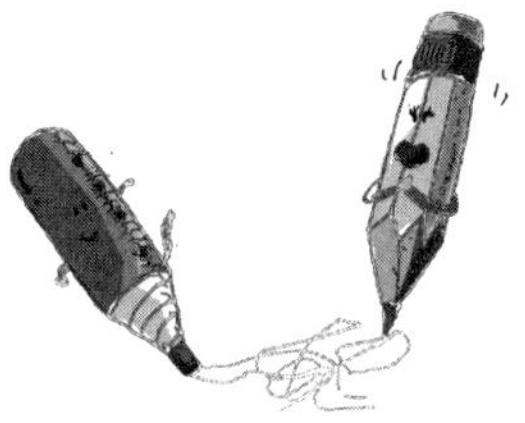

주 말

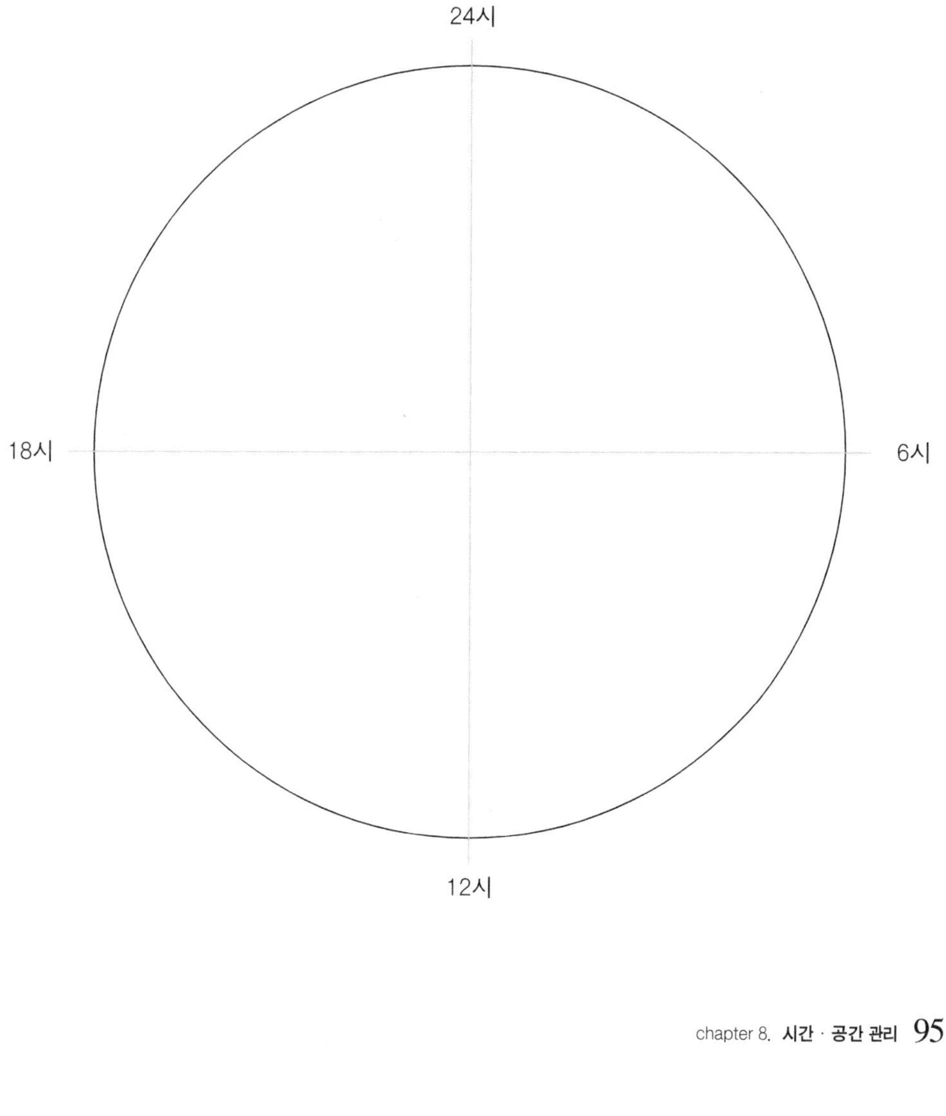

☑ 아 동
☑ 청소년

시간 관리에 대하여

시간관리를 잘할 때와 그렇지 못할 때를 비교해 봅시다.

■ 잘할 때

■ 잘 못할 때

☑ 아 동
☑ 청소년

나의 생활습관 점검하기

평소 나의 생활습관을 살펴봅시다.

■ 나쁜 습관은?

☹ ______________________________

☹ ______________________________

☹ ______________________________

☹ ______________________________

☹ ______________________________

■ 좋은 습관은?

☻ ______________________________

☻ ______________________________

☻ ______________________________

☻ ______________________________

☻ ______________________________

STEP 2

☑ 아 동
☑ 청소년

공부방 점검하기

자신의 공부방을 살펴보고 그려 봅시다.

■ 나의 책상이 놓인 방을 그려 볼까요?

☑ 아 동
☑ 청소년

책상 위 점검하기

나의 책상을 살펴봅시다.

■ 책상 위를 내려다 본 모습이 어떻습니까?

■ 어떻게 정리해야 할까요?

☑ 아 동
☑ 청소년

나만의 공부방 꾸미기

자기만의 공부방과 책상을 꾸며 보는 시간입니다.

"이런 방과 이런 책상이라면 좋겠다."

■ 어떻게 하면 집중력이나 학습에 도움이 될까요?

STEP 3

☑ 아 동
☑ 청소년

시간 활용하기

친구와의 만남, 공부, 운동, 그밖에 취미생활 등 다양한 활동들을 크고 작은 동그라미 위에 적어 봅시다. 중요하게 생각하는 활동일수록 큰 동그라미에 적습니다.

□ 아 동
☑ 청소년

우선순위 정하기

중요도에 따라 우선순위를 적어 봅시다.

중요하면서 급한 일	중요하지만 급하지 않은 일
중요하지 않으면서 급한 일	중요하지도 급하지도 않은 일

☐ 아 동
☑ 청소년

목표를 세우고 계획하기

하루, 주간, 월간 단위별로 목표를 세우고 실천사항을 기록해 봅시다.

오늘의 목표	

이번 주의 목표	

이 달의 목표	

chapter 9.

책읽기와 글쓰기 전략

✻ 날짜: 년 월 일

✻ 시간: 시 분 ~ 시 분

✻ 함께한 사람들:

책읽기가 자연스러운 습관이 되기까지 개인, 가정, 학교, 민간단체, 지역사회와 국가 모두 많은 관심과 노력을 기울이고 있다. 책읽기와 같은 간접경험 방식은 지식을 얻고 내면세계를 보다 확장하도록 할 뿐 아니라 창조적 활용 및 사회발전에 이바지하게 될 것이다.

STEP 1

내가 그리는 한 폭의 독서감상화
독서 내용 마인드맵
한 주간 읽을 책 한 권

STEP 2

내 마음대로 각색하기
글이 써지는 나무 ①
글이 써지는 나무 ②

STEP 3

기자 · 리포터가 되다
존경하는 인물 인터뷰
베스트셀러 작가가 되다

STEP 1

☑ 아 동
☑ 청소년

내가 그리는 한 폭의 독서감상화

책을 읽고 떠오르는 이미지를 그림으로 표현해 보세요.

책 제목 ______________________________

☑ 아 동
☑ 청소년

독서 내용 마인드맵

중심 내용을 적고 내용이 가지처럼 뻗어나가도록 해볼까요?

책 제목 ______________________________

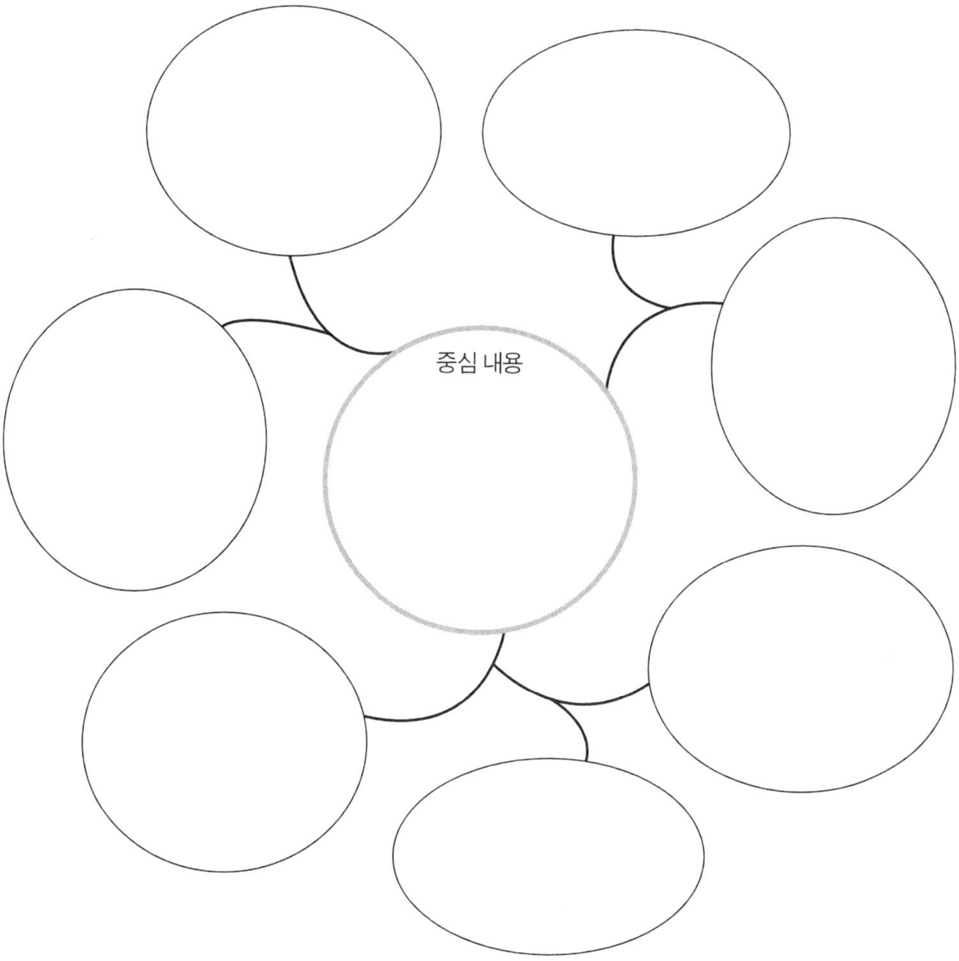

☐ 아 동
☑ 청소년

한 주간 읽을 책 한 권

이번 주에는 책을 한 권 읽어 봅시다. 책을 읽기 전에 책을 선택한 이유를 적어 보고, 어떤 내용이 담겨져 있을지 생각해 봅시다.

책 제목 ______________________

■ 읽고 싶었던 이유

____

■ 예상되는 내용 브레인스토밍하기

※ 브레인스토밍이란?
떠오르는 아이디어들을 형식에 얽매이지 않고 자유자재로 표현해 내는 활동을 의미합니다.

☐ 아 동
☑ 청소년

내 마음대로 각색하기

최근 재미있게 읽은 내용을 떠올려 나만의 글로 다시 만들어 봅시다.

내가 다시 쓰는 책

제목 ______________________________

중심 내용

STEP 2

☐ 아 동
☑ 청소년

글이 써지는 나무 ①

만약 내가 글을 쓴다면, 어떤 내용을 쓸까? 나무의 뿌리와 줄기, 잎을 따라 주제와 세부 내용을 생각해 봅시다.

☐ 아 동
☑ 청소년

글이 써지는 나무 ②

쓰고 싶은 책 주제를 세분화하여 구체적인 활동과 경험내용들로 탄탄히 뿌리내리게 해보는 시간입니다.

STEP 3

☐ 아 동
☑ 청소년

기자 · 리포터가 되다

가족, 동네 소식을 담은 뉴스기사를 작성해 봅니다.

☐ 아 동
☑ 청소년

존경하는 인물 인터뷰

책 속의 인물이든 가까운 가족이나 친지, 지인 등 존경하는 사람을 인터뷰해 보는 시간입니다.

궁금한 점을 정리해서 질문지를 만들어 보고, 직접 인터뷰를 해봅시다.
가상의 인물이나 위인이라면 가상 인터뷰로 진행합니다.

☐ 아 동
☑ 청소년

베스트셀러 작가가 되다

사람들에게 유익한 책을 써서 베스트셀러 작가가 되는 자신을 상상해 보세요.

■ 여러분의 책이 많은 사람들의 사랑을 받아 베스트셀러가 되었다고 상상해 보세요. 그 책은 어떤 내용인가요?

■ 베스트셀러 작가로서 유명한 TV토크쇼에 출연하게 되었습니다. 인터뷰 때 꼭 하고 싶은 말이 있다면?

MEMO

chapter 10.

진로결정과 목표수립

✻ 날짜: 년 월 일

✻ 시간: 시 분 ~ 시 분

✻ 함께한 사람들:

일부 초등학생들에게 '어른이 되어 하고 싶은 것'을 이야기해 보라고 하면 '돈을 많이 버는 것'이라고 대답하기도 한다. 돈이 있어야 원하는 무엇이든 할 수 있다는 생각이 일찍부터 마음 한 구석에 자리를 차지하고 있지만, 상대적으로 어떤 인물이 되어 어떻게 살고 싶은가에 대해서는 생각할 기회가 많지 않았던 듯하다. 이와 같은 예로 돈을 많이 버는 것이 기대하는 바라면 무엇을 위하여, 어떻게 경제적 능력을 갖추고 활용할 것인지 자문자답 과정을 반드시 거쳐야 할 것이다.

STEP 1
세상의 모든 직업
성공의 계단
진로결정을 위한 점검과 마음가짐

STEP 2
앞서 간 인물의 발자취 ①
앞서 간 인물의 발자취 ②
앞서 간 인물의 발자취 ③

STEP 3
가고자 하는 길 탐색 ①
가고자 하는 길 탐색 ②
가고자 하는 길 탐색 ③

STEP 1

☑ 아 동
☑ 청소년

세상의 모든 직업

다양한 직업을 탐색해 보고, 자신에게 어울리는 직업을 찾아보는 시간입니다.

■ 브레인스토밍으로 다양한 직업 목록을 작성해 보기

■ 내가 원하거나 주변에서 권하는 직업

직업 ____________________

이유 ____________________

직업 ____________________

이유 ____________________

직업 ____________________

이유 ____________________

직업 ____________________

이유 ____________________

☑ 아 동
☑ 청소년

성공의 계단

성공의 계단을 하나 둘씩 올라가는 나의 모습을 그려 보는 시간입니다.

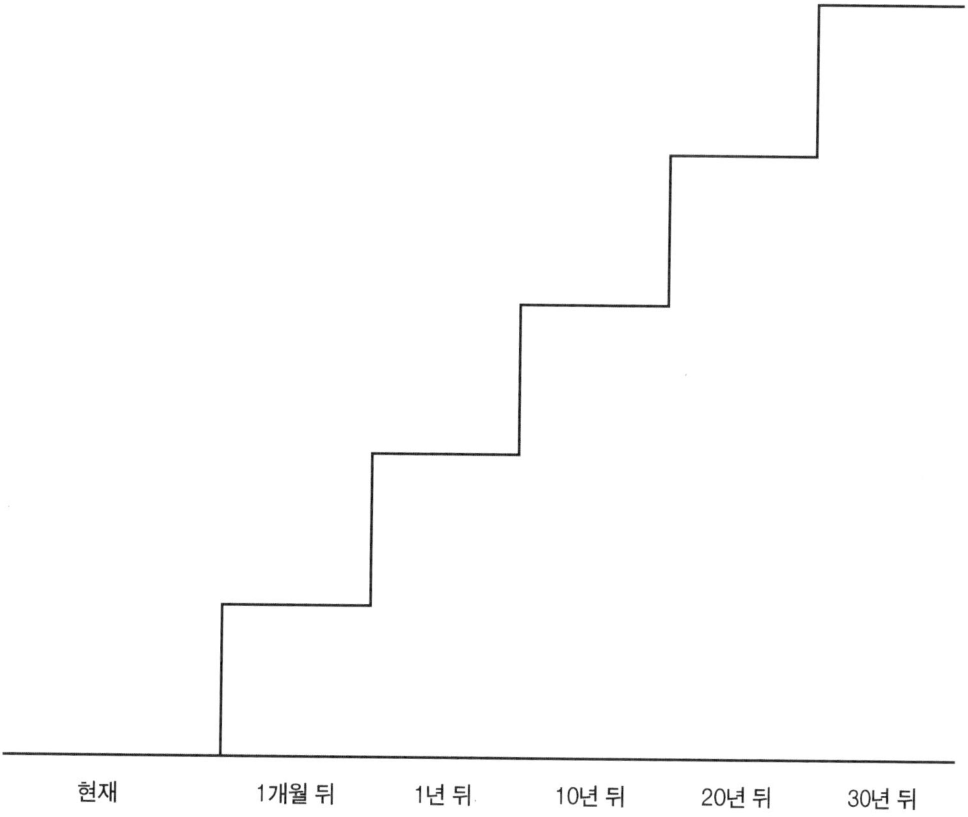

☑ 아 동
☑ 청소년

진로결정을 위한 점검과 마음가짐

지금까지 생각해 본 모든 직업을 나열해 보고, 현재 자신의 상황에서 그 직업을 선택할 수 있는 가능성이 어느 정도인지 가늠해 봅시다. 그리고 그 직업에 대한 자신의 열망이 어느 정도 강한지도 생각해 봅시다.

선택 가능성, 열망의 정도를 알아봅시다.

원하는 직업	가능성 여부 (상, 중, 하로 표시)	열망 정도 (1~100까지 숫자로 표현)

STEP 2

☑ 아 동
☑ 청소년

앞서 간 인물의 발자취 ①

가족이나 친지 중 한 사람을 선택, 살아온 인생과 다양한 에피소드를 담아 본다.

※ 사진을 붙이거나
그림으로 그려 보세요

☐ 아 동
☑ 청소년

앞서 간 인물의 발자취 ②

학교 선생님이나 주변의 나를 돌보아 주는 인물을 한 사람 선정하여 그 사람의 삶을 들여다 본다.

※ 사진을 붙이거나
그림으로 그려 보세요

☐ 아 동
☑ 청소년

앞서 간 인물의 발자취 ③

대중매체를 통해서나 책을 통해 알게 된 어느 인물의 삶을 이야기 그림으로 엮어 본다.

※ 사진을 붙이거나
그림으로 그려 보세요

STEP 3

☐ 아 동
☑ 청소년

가고자 하는 길 탐색 ①

살고 싶은 인생이 있다면 상상력을 동원하여 그려 보자. 한 컷 그림!

☐ 아 동
☑ 청소년

가고자 하는 길 탐색 ②

상상만으로도 즐겁다. 살고 싶은 인생, 가고 싶은 길을 네 컷 만화로!

① ②

③ ④

☐ 아 동
☑ 청소년

가고자 하는 길 탐색③

살고 싶은 인생, 가고 싶은 길. ○○○가 된다면!

MEMO

워크북 활용 가이드

학습능력이란

학습능력은 배우려는 내용에 대한 지식의 습득과 이해를 포함하여 상황에 따라 적절히 드러내고 비교, 판단, 평가할 수 있는 능력을 가리킨다.

일반적으로 학습능력이 향상될수록 학업성취 또한 높아지는 것으로 알려져 있으며 학교에서 배우는 교과지식의 습득뿐 아니라 사회적응 활동의 수준도 변화가 가능하다. 이 책에서는 기존 연구 자료와 현장 경험을 종합한 결과를 바탕으로 배우고 익히는 일, 즉 학습에 영향을 주는 요인들을 사고기술과 기억, 주의집중, 인지와 메타인지, 정서, 동기화, 책읽기와 글쓰기 전략, 목표 및 진로인식으로 구분하였다.

교육 대상과 목적

학생들을 가르치고 상담하는 현장에 있다 보면, 해당 사례를 위하여 필요하다고 여겨지는 프로그램의 구체적인 실행방안을 미처 떠올리지 못해 난감할 때가 종종 있다. 예를 들어 청소년기 비행으로 의뢰된 학생이 학습부진, 사회적 기술의 학습결여, 경미한 지적장애(mild mental retardation)를 함께 떠안고 있는 경우이다. 일반적으로 임상에서 쓰이는 DSM-Ⅳ(American Psychiartric Association, 정신장애의 진단 및 분류체계)는 아동과 청소년기에 나타나는 장애의 하나로 지적장애를 들고 있으며, 경도와 중도, 중증, 최중증으로 구분한다. 더불어 WHO(세계보건기구)에서도 ICD-10(International Classification of Diseasers, 1992)으로 경도 지적장애를 언급한 바 있다.

경도 지적장애를 지닌 아동이나 청소년들은 학교나 가정생활에서 전반적인 수행이 눈에 띄게 저조하다거나 어눌한 모습이 드러나지 않으므로 병원이나 센터에서 지능검사를 받기 전까지는 미리 파악해 내기가 쉽지 않다. 상담이 진행되면서 정서 및 심리적인 안정을 찾고 일시적으로 지지를 받지만 여전히 반복되는 학업에서의 좌절, 학습된 무력감으로 인한 동기저하, 또래관계 회피의 순환고리를 빠져나오기는 쉽지 않다. 이러한 사례적 특수성을 고려하여 다각적으로 학습의 수행을 높일 뿐 아니라 적합한 성취경험을 쌓는 기회를 얻도록 하는 데 이 책의 의의를 두었다.

chapter 1. 사고력

인간의 뇌에는 엄청난 양의 신경세포neuron가 존재하며 이 세포들은 상호작용 가능한 그물망 구조network structure로 이루어져 있다. 이들은 정보를 서로 주고받는 활동으로 인간의 사고를 담당한다. 뿐만 아니라 기억과 학습, 정서와 같은 보다 높은 수준의 정신 활동과 연결되어 최근까지도 많은 학자들의 호기심을 자극해 오고 있는데, 본 장에서 다룰 사고력은 지식을 잘 활용하도록 돕는 비교, 분석, 유추, 추론, 종합, 평가, 해결의 과정을 거쳐 고차적인 기능의 향상을 도모한다.

사람이라면 누구나 생각할 수 있다. 생각하는 기능은 연령과 더불어 학습과 문화의 차이에 의해 달라질 수 있다. 성장기의 아동과 청소년들은 또래의 발달수준에 맞춰 사고하는 능력을 키우고 확장해 나갈 권리가 있다. 이 권리는 선생先生으로 일컬어지는 어른들이 먼저 발견할 수 있도록 길을 열어 주어야 할 것이다.

여기에서 소개하는 사고능력 향상을 위한 프로그램은 일상생활에서 경험할 수 있는 문제들을 소재로 삼았으며 다양한 측면을 고려해 보도록 유도한다.

〈적용 사례〉

한 가지 이상의 상황을 제시하여 결과들을 떠올리는 첫 번째 단계인 '애완동물 기르기'는 돌보미로서 스스로 주체가 되는 존재임을 확인하고 현실적으로 돌보아야 하는 또 다른 존재의 의미를 인식한다. 유아적 성향인 자기중심주의를 벗어나 외부 세계에 눈을 떠 자신에 대한 가치와 책임을 갖춘 태도·성실의 중요성을 깊이 사고하는 훈련이기도 하다.

빈이(가명)는 헌신적이고 차분한 어머니와 엄격한 모습을 자주 드러내는 아버지로부터 학습에 충실할 것을 강요받는 편이다. 책을 많이 읽으라는 아버지 말씀 때문에 종종 스트레스를 받고, 한때는 일일이 내용을 점검받기도 하였다. 가족 사이에 따뜻한 대화나 격려가 부족해서 소소한 일에 위축되거나 불안한 모습을 보이기도 했다.

일상적인 우울감이 어눌하고 느린 언어 표현으로 묻어 나오고, 이러한 행동적 특성으로 인

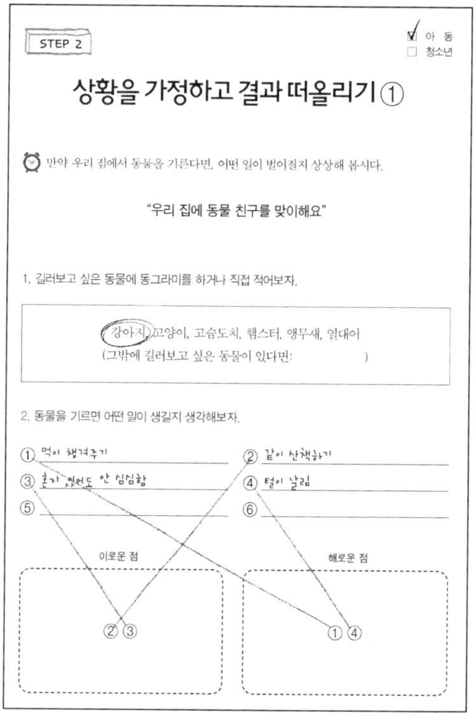

해 친구들과의 관계에서도 놀림을 당하기 일쑤였다. 전반적인 우울감과 내면의 불확실성은 그림 표현 과정에서도 자주 지우개로 지웠다 그렸다를 반복하는 모습으로 드러나기도 했다. 이러한 빈이의 모습은 학교에서 배우는 교과내용의 학습은 물론 사회상황에서 적절히 드러내야 할 대처기술에 다소 취약할 수밖에 없다.

사고력 향상 프로그램은 빈이와 같이 배우고 익히는 데 확신이 없어 늘 자신없는 모습을 보이는 아이들이 쉬운 과제부터 단계적으로 사물이나 형태를 비교하고 분석하도록 하여 스스로 인지하고 판단하게끔 돕는다. 이때 프로그램 진행자가 격려와 칭찬으로 의욕을 북돋우는 역할도 꼭 필요하다. 서로 팔을 들어 손바닥을 마주치는 '하이파이브'로 성취에 대해 즐겁고 유쾌함을 공감하는 활동도 유용하다.

상담에 참여했던 빈이는 초등학교 1학년이며 또래에 비해 두 살 정도 낮은 학습능력으로 어려움을 겪고 있었다. 그러나 '애완동물을 키울 때'의 상황을 떠올릴 때, 같이 산책하고 놀면 재밌을 것 같다는 긍정적인 측면 외에도 먹이를 챙겨주어야 하고 털이 날리기 때문에 청소를 해야 하는 일을 본인이 맡는다면 번거로워질 것이라는 사실도 어느 정도 인식하고 있다.

프로그램 진행자가 주의해야 할 점은 발생할 일을 이로운 점과 해로운 점으로 구분할 때 진행자의 관점으로 개입하지 말아야 한다는 점이다. 예를 들어 사례에서 빈이는 '같이 산책하기'를 이로운 점으로 분류했지만, 어떤 아동은 '같이 산책하는 일'을 부담스러운 일이나 귀찮은 일로 생각하여 해로운 점으로 분류할 수 있다는 점이다.

또한 대부분의 아이들이 동물을 선호하는 편이어서 강아지, 고양이 외에도 다양한 동물들을 길러보고 싶어하는 경우도 있는데, 어느 하나만 선택하도록 할 필요는 없다. 각각의 장단점을 모두 생각해 볼 수 있도록 지도하자.

어떤 일이 일어날지를 생각해 보고 그 내용을 아래의 '이로운 점'과 '해로운 점'으로 구분한 해당 란에 표시하도록 하자. 제시된 사례에서는 선으로도 표시하고, 번호로도 표시하였지만, 어느 방식을 채택하든 무관하다.

〈프로그램 진행〉

[STEP 1]

생각하기 연습①

▷ 예시

1. 유사점: 네모꼴과 세모꼴 형태, 막대기 두 개
2. 차이점: 위 아래로 방향이 다름

■ 분리했을 때: ◇(마름모), △(삼각형), ▽(역삼각형), ―(긴 선), -(짧은 선)

생각하기 연습②

▷ 예시

1. 공통점: 하고 싶은 이야기를 전한다, 보낸다, 전달한다, 글로 쓰거나 그린다.
2. 차이점: 일반우편은 우표를 붙여야 한다, 편지지 등 종이에 내용을 써야 한다. 전자우편은 인터넷으로 한다, 컴퓨터를 할 줄 알아야 한다, 각종 파일을 함께 보낼 수 있다, 수신 확인을 할 수 있다.

■ 편지와 엽서: 편지는 엽서보다 더 많이 쓰거나 그릴 수 있다. 엽서는 다른 사람이 볼 수 있다. 엽서는 한 장만 보낸다.

생각하기 연습③

♣ 진행의 팁

선행지식을 바탕으로 빈칸에 들어갈 숫자를 추리할 수 있도록 지도한다.

▷ 예시

1. 빈칸 숫자: 29(5개씩 건너서), 5(소수)

2. 빈칸 화살표: ⇄, ↖, ↘

3. 어울리는 점: ∸ 또는 ∹, ∻(점 두 개 혹은 네 개가 선을 중심으로 위와 아래에 위치하는 주변의 규칙을 지키도록 한다.)

[STEP 2]

상황을 가정하고 결과 떠올리기 ①

♣ 진행의 팁

'애완동물 기르기'라는 상황을 설정하여 돌보는 주체로서의 '나'를 인식하고, 현실세계에 대한 사고능력과 판단능력을 기른다.

상황을 가정하고 결과 떠올리기 ②

♣ 진행의 팁

'동생 돌보기'라는 가상 상황을 통해서 '나'와는 또 다른 주체인 '너(상대방)'에 대해 인식하고, 실생활 속의 가치판단과 사고능력을 기른다.

상황을 가정하고 결과 떠올리기 ③

♣ 진행의 팁

'아르바이트를 해본다'는 상황을 설정하여 '나' 자신이 속한 '사회'를 인식하고, 사회생활에 대한 적응적 사고능력을 향상시킨다. 워크지에서는 패스트푸드점에서 시간제 근로를 하는 것으로 가정했지만, 참여자가 아동인 경우 '집안 일 돕기', '부모님 구두 닦기', '신발장 정리' 등으로 상황을 바꾸어 진행해도 좋다.

상황을 가정하고 결과 떠올리기 ④

♣ 진행의 팁

현재 '나' 자신이 겪고 있는 문제는 무엇인지 생각해 보고 그 문제를 해결하기 위해 필요한 기본적인 사고활동을 구체화한다.

[STEP 3]

고차적 사고연습 ①

♣ 진행의 팁

친구나 가족 가운데 두 사람을 떠올려 보고 비슷한 점과 다른 점을 생각해 본다.

간단하게 그림을 그려 보는 것도 좋고, 사진을 준비하여 붙이는 것도 좋다.

보통 아동은 성별의 차이를 비롯하여 가시적으로 드러나는 머리 모양이나 복장 등의 차이를 떠올린다. 프로그램 진행자는 이러한 눈에 보이는 차이 외에 성격이나 습관, 좋아하는 것/싫어하는 것 등을 생각할 수 있도록 유도하는 것이 좋다.

고차적 사고연습 ②

♣ 진행의 팁

봄, 가을의 계절적 특징을 생각하는 시간이다.

고차적 사고연습 ③

♣ 진행의 팁

인터넷을 쉼 없이 즐기게 되는 경우 어떤 일이 발생할지를 생각해 보는 시간이다. 요즘 컴퓨터는 어린아이들도 매우 친숙하게 다루기 때문에 아동들에게도 의미 있는 시간이 될 수 있다. 진행자는 참여 학생의 수준에 맞춰 시간을 진행하되 인터넷 중독 등 사회적 이슈와도 연결하여 사고를 좀 더 확장할 수 있도록 도울 필요가 있다. 진행자는 이 문제 외에도 학교폭력이나 왕따 등 다른 사회적 이슈를 제시하여 참여 학생들의 생각의 폭을 넓혀 나갈 수 있도록 돕는 것도 필요하다.

chapter 2. 주의집중력

주의attention를 기울여 집중concentration하는 능력은 인지적인 측면에서 주어진 과제를 해결하는데 필요한 심리적 에너지의 일부로 여길 수 있을 뿐 아니라 정서적인 면에서도 그 중요도를 무시할 수 없다. 간단하게 설명을 덧붙인다면, 감정적인 교감과 조절이 필요한 대화에서도 사람은 끊임없이 스스로의 주의를 흩뜨리지 않도록 하는 것이 삶의 전반에 유리하다. ADHDAttention Deficit Hyperactivity Disorder 아이들이 알맞은 치료를 받지 못해 청소년기나 성인기에 문제를 일으키는 사례에서도 알 수 있는 것처럼, 반드시 학습과 관련된 것이 아니라 하더라도 어떤 문제나 현상을 인식하고 주의를 기울일 수 있는 능력은 삶에 있어 매우 기본적인 차원에 해당한다.

전전두엽prefrontal lobe은 선택적 주의, 계획, 감정의 조절에 관여하는 것으로 알려져 있는데 학습이 아니어도 어떠한 상황에서 판단을 내리고 행동을 개시하는 활동은 주의집중과 연관되어 있다. 감정에 대해서도 주의를 기울이고 자발적인 인지활동에 집중하면 과제수행에 대한 실수유발이나 대인관계를 통해 드러나는 충동성향은 어느 정도 줄여 나갈 수 있을 것이다.

〈적용 사례〉

ADHD 진단을 받은 필립은 같은 연령대 또래와 비교하여 지능이 낮은 편은 아니지만, 비일관적인 부모의 훈육과 충동적인 성향으로 사회성 발달이 약간 지체되고 있었다. 소소한 일로 학교에서 다툼이 일어나거나 주어진 과제를 마치기까지 오랜 시간이 걸려 좌절감에 따른 정서적 위축이 예상되기도 하였다.

숫자를 기입한 표에 순서대로 표시해 나가는 훈련([STEP 2]에서 진행)은 과제 만족도가 높고 약간의 집중력으로도 큰 성취감을 경험하도록 해주어 놀이처럼 즐길 수 있으면서 동시에 주의를 집중하는 훈련이 가능하다.

〈프로그램 진행〉

[STEP 1]

그림 완성하기①

♣ 진행의 팁

주어진 과제에 몰입하여 그림 가운데에 위치한 꽃 모양을 완성할 수 있도록 지도한다.

그림 완성하기②

♣ 진행의 팁

대칭의 형태를 이해하여 주어진 과제를 완성하도록 지도한다.

그림 완성하기③

♣ 진행의 팁

실제 손바닥을 그리지만 다른 모양의 완성도 허용한다. 다만 실제에서 크게 벗어나지 않도록 지도하며, 모양이 완성된 뒤 같은 점과 다른 점을 파악할 수 있도록 한다.

[STEP 2]

주의집중 훈련①

♣ 진행의 팁

1~25의 숫자를 따라 순서대로 표시한다. 진행자는 시작시간과 마침시간을 기록하며, 찾지 못하는 숫자를 건너뛰어 다른 숫자에 표시하지 않도록 살펴본다.

주의집중 훈련②

♣ 진행의 팁

1~49의 숫자를 순서대로 표시한다. 마찬가지로 숫자를 건너뛰어 표시하지 않도록 유의한다.

주의집중 훈련③

♣ 진행의 팁

1~100까지의 숫자를 순서대로 표시한다. 앞의 두 단계와 마찬가지로 건너뛰어 표시하지 않도록 하며, 숫자가 많아짐에 따라 참여 학생들이 집중력을 잃지 않도록 지도한다.

[STEP 3]

듣고 말하기 훈련①

♣ 진행의 팁 - 예시문

ꭥ1. 책•을 • 열•심•히 • 읽•는 • 어•린•이•

ꭥ2. 나•무•와 • 꽃•을 • 보•며 • 그•림•을 • 그•립•니•다•

ꭥ3. 새•하•얀 • 비•둘•기•와 • 짹•짹•짹•짹 • 참•새 • 한 • 무•리•

듣고 말하기 훈련②

♣ 진행의 팁 - 예시문

ꭥ1. 아롱이네 강아지 이름은 바둑이이고, 뽀롱이네 고양이 이름은 진주입니다. 바둑이와 진주를 키우는 사람의 이름은 각각 누구입니까?(답: 아롱이, 뽀롱이)

ꭥ2. 토끼 세 마리가 뛰어 갑니다. 사슴 한 마리도 숲속을 달려가고 있군요. 다람쥐 두 마리가 도토리를 주워 담으며 따라갑니다. 숲속을 달려가는 동물은 모두 몇 마리입니까?(답: 6마리)

듣고 말하기 훈련③

♣ 진행의 팁 - 예시문

ꭥ1. 구름은 수증기, 즉 작은 물방울들이 모여 만들어지는데 그 양이 많아지면 땅 위에 비로 내립니다. 날씨가 추우면 이 비가 눈으로 바뀌게 됩니다. 구름의 원래 성분은 무엇입니까? (답: 수증기, 물방울, 물 모두 맞음)

ꭥ2. 지구는 태양계에 속하며 인간이 살기에 가장 알맞은 환경으로 온갖 생명체가 더불어 공존하고 있습니다. 보다 잘 가꾸어 오염되지 않도록 한다면 모든 생명이 오래도록 건강하고 행복한 삶을 영위할 수 있을 것입니다. (답: 환경을 보호하자, 생태계를 보존하자 등)

chapter 3. 기억력

인간에게 기억할 수 있는 능력이 없다면 사회생활을 건강하게 영위하기 힘들어질 것이다. 기억력을 보다 효과적으로 활용할 수 있도록 하는 여러 방법들이 경영 및 리더십 관련 책자에도 소개될 만큼 기억력은 매우 중요하다.

아동과 청소년들은 세상에 대해 보다 잘 이해하고 적응과 판단이 가능하도록 일정 연령에 이르기까지 의무적으로 학교교육을 받을 뿐 아니라 이해의 정도를 테스트 받는다. 테스트의 통과는 일부 상급학교로의 진학과 지적 수준의 완전함으로 비춰지기도 하지만 무엇보다 또래들 평균수준에 못 미친다면 적응을 위한 훈련과 학습을 필요로 한다.

한편, 정보처리 이론information-processing theory에 따르면 단기기억과 장기기억으로 작업기억이 구분되는데, 보통 단기기억에서 재기억 작업이 이루어지지 않는 경우 장기기억 저장소로 암기내용이 이동하지 않는 것으로 알려져 있다. 또한 단기기억은 청크 단위로 묶어 활용할수록 더 잘 기억된다고도 한다.

〈적용 사례〉

진행자는 참여 학생들의 지식에 따라 나열된 단어를 교체하여 진행해도 무방하다. 사례의 아동은 동물이름 가운데 '이리'를 잘 몰라 '곰'으로 수정하여 과제를 제시하였다.

나열된 단어들을 암기하기 위해서 어떻게 분류하여 암기할지 생각해 보아야 하는데, 사례의 아동은 먹이사슬에 대한 지식이 없어도 육식동물과 초식동물이라는 구분을 통해 그림을 완성하였다. 먹이사슬에 대해서는 사전지식이 없으므로 동물의 왕으로 꼽히는 빠른

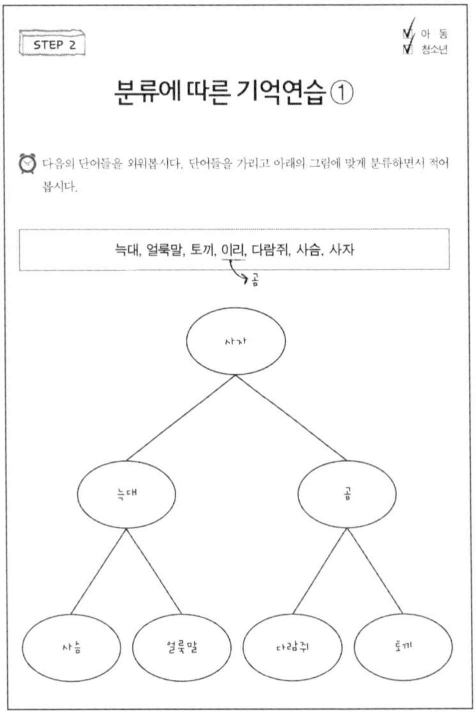
STEP 2

아 동
청소년

분류에 따른 기억연습 ①

다음의 단어들을 외워봅시다. 단어들을 가리고 아래의 그림에 맞게 분류하면서 적어봅시다.

늑대, 얼룩말, 토끼, 이리, 다람쥐, 사슴, 사자

육식동물 사자와 고기를 먹지 않는 초식동물들로 구분하고 초식동물들에게 위협이 되지만 사자보다는 약한 동물인 늑대와 곰을 가운데 단계에서 적어 넣었다.

참여 학생들의 활동이 끝난 후 다른 분류 방식의 예를 들어 주어도 좋고, 동물들에 대한 정보를 나누도록 하는 것도 활동의 흥미를 더할 수 있는 방법이다.

〈프로그램 진행〉

[STEP 1]

단어 기억연습

♣ 진행의 팁

1번 과제: 나열된 단어들을 외우는 방식은 다양한데 1번의 일상과 관련된 용품들은 이미지화하는 것이 적절하다. 예를 들어 머릿속에 빈 방을 하나 떠올리게 한 후(눈을 감도록 해도 좋다), 책상이 놓여 있는 장면과, 그 위의 꽃병, 연필, 의자 위에 걸쳐진 스웨터와 옆에 놓인 가방을 차례로 연상하도록 한다.

2번 과제: 색상별로 구분하는 것이 가장 적절하다. 장미와 튤립은 붉은색, 백합, 안개, 아카시아는 흰색 계열의 꽃들로 나누어 이미지화하거나 단어들을 머릿속에서 이동시킨다.

3번 과제: 반복만으로도 충분히 암기가 가능할 것이지만 첫 글자를 따거나 어감과 리듬으로 쉽게 외울 수 있다. 참여 아동이 스스로 암기 방법을 찾아내는 데 어려움을 느낀다면, 이러한 방식들을 먼저 소개해 줌으로써 암기에 대한 부담을 덜어줄 수 있다.

연상을 이용한 기억연습 ①

♣ 진행의 팁 - 예시문

공원 한 가운데 커다란 분수대가 하나 있습니다. 11개의 물줄기가 보는 이의 마음을 시원하게 해줍니다. 분수대 근처에는 다정한 연인 한 쌍이 나란히 앉아 있습니다. 그 앞으로 아주머니 한 분이 아기를 태운 유모차를 끌며 산책을 하고 있습니다. 분홍색 솜사탕을 손에 꼭 쥐고 있는 노란색 유치원 모자를 쓴 꼬마 아가씨도 보이네요. 새파란 하늘에는 뭉게구름이 피

어오르고 참새 여러 마리가 날아가고 있습니다.

공원 안에 있는 사람은 모두 몇 명인가요?

연상을 이용한 기억연습 ②

♣ 진행의 팁 - 예시문

창문이 여러 개 붙어있는 고층빌딩 아래로 파란색 승용차와 택시 두 대가 지나가고 있습니다. 양복을 입은 세 사람이 커피를 마시며 담소를 나누고 있습니다. 그 옆으로는 노부부 한 쌍이 지팡이를 짚으며 길을 걷고 있습니다. 견학 나온 유치원생 23명이 줄과 열을 지어 횡단보도를 건너고 있으며 꽃 파는 노점상 주인이 아이들을 바라보며 빙긋이 웃습니다. 자전거를 타고 시내 한 바퀴를 도는 사람과 자판기에서 음료를 꺼내드는 젊은이가 눈에 띕니다.

등장인물은 모두 몇 명입니까?

[STEP 2]

분류에 따른 기억연습 ①

♣ 진행의 팁

제시되어 있는 단어들을 일정 시간을 주고 외우도록 한다. 이때 암기 시간은 참여 학생들의 수준에 따라 조정하도록 한다. 암기한 뒤에는 제시되어 있는 단어들을 가리거나 별도의 종이를 마련하여 제시된 단어들을 보지 않도록 한다.

아이들에게 '동물의 왕' 혹은 '가장 힘이 센 동물은 무엇일까?'라고 질문을 하면 대부분의 아이들은 단번에 피라미드 구조 맨 상단에 '사자'를 써 넣는다. 다음으로 힘이 센 동물을 떠올리게 하거나 풀을 먹는 초식동물들을 나열해 보도록 하면서 하단의 빈칸을 메우고 쉽게 전체적인 구조를 이해하여 암기할 수 있다.

분류에 따른 기억연습 ②

♣ 진행의 팁

다시마, 냉이, 미역, 시금치, 파, 조개, 무, 당근, 고구마, 감자, 파래, 부추의 단어들을 암기할 때 바다에서 나는 해조류와 육지에서 나는 채소류로 구분하여 외우도록 한다. 앞의 과제와 마찬가지로 제시된 단어들을 가리도록 한다. 바다와 육지를 가르는 연상 작용에도 도움이 될 뿐 아니라 범주화하여 사고하는 능력도 기를 수 있다.

분류에 따른 기억연습 ③

♣ 진행의 팁

제시된 단어들은 탈 것, 악기, 음식, 운동 등으로 분류할 수 있으며, 운동의 경우 실내운동/실외운동 등으로 세분화하며 분류할 수도 있다. 되도록 참여 학생들이 자기만의 분류 기준을 만들 수 있도록 하되, 참여 학생들의 수준에 따라 분류 방식에 대한 조언을 해도 괜찮다. 학생들은 탈 것, 악기, 음식, 운동 등의 기준을 세워 그에 맞는 단어들을 나열해 나갈 수 있다. 앞의 과제와 마찬가지로 제시된 단어들을 가리도록 한다.

[STEP 3]

그림을 통한 기억연습 ①

♣ 진행의 팁

학생들이 직접 그림을 그려 꾸밀 수 있도록 한다. 옷, 신발, 가방, 모자, 안경을 비롯한 각종 악세사리도 좋고 손에 책을 들게 해도 좋다. 될 수 있으면 다양한 아이템으로 꾸밀 수 있도록 지도한다.

그림을 다 그린 후에 진행자는 참여 학생들이 그린 그림을 걷고, 학생들이 자신의 그림을 암기하고 있는지 확인한다. 무작정 자신이 그린 그림을 외워서 설명하도록 하는 방법보다는 옷의 무늬나 색깔은 무엇인지, 가방은 왼쪽에 있는지 오른쪽에 있는지 등 그림에 대한 내용을 OX 퀴즈 방식으로 진행하는 것도 재밌는 방법이 될 것이다.

그림을 통한 기억연습 ②

♣ 진행의 팁

자신의 얼굴이나 친구 혹은 가족 중 한 사람의 얼굴을 그리도록 한다. 눈, 코, 입, 귀 등 얼굴을 구성하고 있는 각 기관의 기능을 떠올려 보도록 한다. 진행자는 각 기관의 기능을 미리 숙지해 놓아 참여 학생들이 발표하는 내용에 더 많은 정보를 보충해 줄 수 있도록 한다.

참여 학생의 수준에 따라 눈, 코, 귀 등 각각의 내부기관을 과제로 하거나 내장기관을 과제로 제시할 수도 있다.

그림을 통한 기억연습 ③

♣ 진행의 팁

준비되어 있는 지도 위에 우리나라와 인접하고 있는 아시아 국가들을 적도록 한다. 참여 학생들의 수준에 따라 난이도를 조정하면서 진행할 수 있는데, 참여 학생들의 나이가 어리거나 지식이 다소 부족한 경우라면, 일본, 중국 등을 중심으로 할 수 있으며, 연령이 높거나 어느 정도 지식이 있다면, 점차 영역을 넓혀 나가는 방식으로 진행할 수도 있다.

참고문헌

한국교육심리학회 편 (2000). 교육심리학 용어 사전.

chapter 4. 기초학습능력

기초학습능력은 기본적으로 구축된 인간의 사회시스템에 적응하는 데 없어서는 안 될 능력 가운데 하나이다. 거리의 간판과 표지판을 읽어내야 하고, 물건을 구입하고 값을 지불할 수 있어야 하며, 주어진 상황을 알아차리고 해석해야 한다. 또한 정보화 시대라는 용어에서도 알 수 있듯이 쏟아지는 정보를 해석하고 선별할 뿐 아니라 획득한 내용을 활용할 줄 알아야 한다.

언어는 사고와 깊은 연관이 있을 뿐 아니라 사회적인 문제해결력 향상에도 유용하다. 부진한 언어활동은 사고력 향상을 저하시키고 대인관계에도 큰 유익을 주지 못한다. 자기 자신을 잘 드러냄으로써 사회적인 유능감과 적응력을 발달시키고 동시에 자기 존중감을 높여 삶의 용기를 북돋도록 도울 필요가 있다. 뜻을 잘 이해하고 일상적으로 사용하는 단어의 수가 많으면 많을수록 사고, 감정의 폭과 깊이도 확장된다. 모르는 단어는 그 의미를 생각해 보고 답을 찾는 노력이 습관화되도록 유도한다.

〈적용 사례〉

중학교 입학을 앞둔 유란이는 단어를 떠올리거나 익힐 때 또래아이들에 비해 조금 더 시간이 지체되는 것으로 파악되었다. 자음과 모음 낱자를 제시하여 쓰도록 하면 대체로 떠올리는 단어들이 초등학교 저학년들이 받아쓰기에서 사용하는 단어들이 대부분이었다. 단어를 분류하여 외우도록 하는 작업은 힌트가 제시될 때 분류기준을 알려주는 방법으로 80~90% 정도 수행이 이루어졌다. 장면을 머릿속에 그리며 색깔과 영상을 이야기해 주며 나열한 단어들은 힌트 없이 90%의 수행이 가능했다.

고등학교 3학년이 된 푸름이는 K-WAIS의 언어성 지능검사 점수가 동작성 점수에 훨씬 못 미치고 전체 지수 역시 낮아 지적장애 수준에 있는 것으로 평가를 받았었다. 이미 초등학교 2학년 시기부터 대인관계의 어려움으로 놀이치료가 진행된 바 있으나 꾸준하게 지속적으로 이루어지지 않았다. 푸름이가 운동을 좋아하고 체력적으로는 문제가 없었으므로 건강하고 밝게 자라기만을 바랐던 부모는 사회나 학교생활에 특별한 규제나 기준을 제시하는 일은 다소 소홀히 하다가 대학 입시를 앞두고 '안 되겠다' 싶은 생각이 들었다고 한다. 언제까지나 부모가 그의 곁을 지키며 일일이 돌보아 줄 수 없는 노릇이고 지체된 학습능력에 대해서도 더 이상 방관하면 안 되겠다는 판단이 들었으며, 이성 친구를 사귀는 모습을 보며 더더욱 아이의 장래를 떠올리게 되었다고 한다.

푸름이의 경우 이 시간을 통해 생활에 유용한 단어를 익혀 활용할 수 있도록 하는 데 중점을 두었다. 또한 자신이 생각하고 느낀 것들이나 보고 들은 것을 표현할 수 있는 습관을 키워주려고 했다. 이 책은 저자가 현장에서 가장 많이 활용한 자료이기는 하지만, 절대적인 기준은 아니며 아동들의 성격이나 지식, 이해력 등의 차이를 감안하여 이 책을 참고하여 별도의 워크지를 마련하거나 추가하는 것도 좋다.

〈프로그램 진행〉

[STEP 1]

단어 익히기 ①②③

♣ 진행의 팁

제시된 자음, 모음 등을 토대로 어휘력 및 사고력 증진을 위한 단어 연상연습 시간이다. 만약 제시된 자음이 'ㅈ'인 경우, '지렁이, 지팡이, 자동문' 등 단어의 앞 글자에 등장하는 단어만 적도록 하거나 '복지, 책장, 피자' 등 뒷 글자에만 적도록 하거나 혹은 두 가지 방식을 구분하지 않고 모두 적도록 하는 방식 등 여러 방식을 통해 참여 학생들의 수준에 맞도록 난이도를 조절하며 진행할 수 있다.

[STEP 2]

단어 활용 ①②③

♣ 진행의 팁

문장을 이해하여 문장에 어울리는 단어를 능동적으로 파악해가는 과정이다. 상담가나 진행자는 제시된 예들이 아니더라도 참여 아동 · 청소년의 수준에 따라 별도의 워크지를 만들어도 좋다. 단 별도의 워크지를 마련할 경우, ①에서는 이름이나 명사류, ②에서는 움직임을 표현하는 동사류, ③에서는 시간과 논리에 잘 맞는 상황을 설정하여 ①에서 ③단계로 이어지도록 구성해야 한다. 특히 ③에서는 상황이나 시제에 맞게 동사를 변형할 수 있는 문장을 제시한다.

▷ 예시

단어 활용 ①: 1. 지우개, 2. 책(신문, 잡지 등) 3. 개, 고양이, 4. 그물(낚싯대 등), 5. 짠, 6. 신발(구두 등), 7. 달(별)

단어 활용 ②: 1. 비춰줍니다, 2. 앉아 있습니다, 3. 쌓였습니다, 4. 헤엄칩니다, 5. (맴맴) 웁니다, 6. 물듭니다, 7. 흔듭니다

단어 활용 ③: 1. 선생님께 칭찬을 받았다(친구들과 싸웠다 등), 2. 할 예정이다(위해 숙제를 하고 있다 등), 3. 되었다(지났다 등), 4. 손을 씻는다(숙제를 한다 등), 5. 부릅니다(부르고 있습니다), 6. 정리합니다(정리해 놓았습니다), 7. 좋아집니다(상쾌해 집니다, 맑아 집니다 등)

[STEP 3]

육하원칙의 완성 ①

♣ 진행의 팁

인식한 상황을 정확하게 표현하는 훈련이기도 하다.

프로그램이 집단으로 진행될 경우 서로 그림을 그려 주거나 한 사람이 대표로 그림을 그리게 하고 다른 참여자들이 그림을 설명하게 하는 방식을 취해도 참여자들의 흥미를 유발할 수 있다. 같은 그림을 두고도 표현하는 방식은 조금씩 다를 수 있다. 이 프로그램은 정답을 맞히는 데 목적이 있는 것은 아니지만, 최대한 그림을 있는 그대로 사실적으로 표현할 수 있도록 유도할 필요는 있으며, 이것이 이번 시간의 목적이라 할 수 있다.

▷ 예시

그림 1. 고양이가 키보드 위에서 장난을 친다.

그림 2. 고래가 바다에서 헤엄을 친다.

육하원칙의 완성 ②

♣ 진행의 팁

첫 번째 제시문의 경우 '옹달샘'이라는 동요를 떠올려 '세수를 한다'라고 적지만, 이 프로그램은 정답을 요구하는 것이 아니다. 진행자가 미리 생각하고 있던 답이 아니더라도 긍정적으로 반응하면서 논리적으로 맞는지를 중점적으로 판단할 수 있도록 하자.

▷ 예시

1. 세수를(체조를, 노래를 등)
2. 돌아다닌다(헤집고 다닌다 등)
3. 기지개를
4. 우산이

적절한 용어찾기

♣ 진행의 팁

제시된 예문들에 어울리는 단어들의 난이도가 전 시간들보다 다소 높다. 초등학생들도 풀 수 있는 문제들이기는 하지만, 경도의 지적장애가 있는 경우 단어들이 일상적으로 사용되는 단어가 아니라 생각할 시간이 필요할 수도 있다. 참여자들을 너무 재촉하지 않고 되도록 혼자 해결할 수 있을 만큼 충분한 시간을 주도록 하자.

3번 문제는 '감수'라는 단어가 모두 같은 의미로 다양한 상황에서 쓰일 수 있음을 보여주는 것이며, 4번 문제는 동음이의어이다. 5번 문제는 '얼음 — 물 — 공기'의 예를 들어 설명해주자.

▷ 예시

1. 무리, 2. 진학, 3. 감수(3-1,2: 3.의 답과 같음), 4. 자정(4-1: 4.의 답과 같음), 5. 고체(5-1. 기화), 6. 기아

chapter 5. 메타인지(초인지) 조절

메타인지(초인지)는 문자 그대로 인지 위에 있는 또 다른 상층의 인지로서 인간이 갖춘 고유한 기능이기도 하다. 장면을 하나 떠올려 보자. 이 책을 펼쳐들고 있는 당신 스스로를 바라볼 수 있는가? 내가 무언가에 열심히 열중하고 있는 모습을 떠올려 볼 수 있는가? 이 물음들에 '그렇다'로 대답할 수 있기 때문에 인간은 학습이 가능하고 자신과 사회를 발전시켜 나아가고 있다. 소위, 공부를 잘 한다고 하는 우등생들은 배운 내용 가운데 자신이 이해하고 있는 부분과 그렇지 못한 부분을 구분할 수 있으며 모르는 부분에 대해 파악하고 넘어간다. 운동선수들은 최고의 컨디션으로 최고의 점수를 얻기 위해 실행과정을 실제 경기에 참가한 것처럼 머릿속으로 시뮬레이션하는 활동을 꾸준히 반복하는 것으로 알려져 있다. 정신적인 활동 역시 이와 같은 노력이 축적되지 않는다면 좋은 결과를 기대하기 어려울 것이다.

메타인지를 잘 활용하면 자신의 생각, 기억, 사고유형, 능력, 문제해결 과정과 계획의 점검에 이르는 다양한 기능이 향상된다. 시험공부를 하려고 책상 앞에 앉은 학생이 자기도 모르는 사이 딴청을 부리다가도 목표를 인식하여 자세를 다잡는 행동도 초인지에 의한 것이다. 카메라로 자신의 일상을 찍는 것으로 가정해 볼 수 있는데 동기나 기본 욕구를 관련짓는다면 스스로 인식하는 모든 생각과 행동이 보다 구체적으로 파악된다.

또 다른 관점에서 사람의 뇌는 스스로를 일일이 간섭하며 일상생활이나 사회 시스템에 적응하도록 이끄는 것으로 보인다. 뜨거운 물을 마실 때 통각이 뇌로 전달되어 물의 온도를 낮추어야 된다는 생각을 하게 되는 것과 같은 단순한 위계적 구조로 시작, 더운 여름 날씨에 본능에 따라 의복을 모두 벗어던지는 행동은 무례하다고 느끼고 스스로를 통제하는 것에 이르기까지, 더 나아가 지금 게으름을 피우고 싶지만 먼 훗날을 떠올리거나 바로 다음날 계획에 차질이 있을 것을 단계적으로 미리 예상할 수 있는 것도 마찬가지다.

〈적용 사례〉

한 유명한 전문의는 인터뷰에서 초등학교 다닐 때부터 중학생 때까지 성적이 하위권을 벗어나 본 적이 없었다고 한다. 그러던 어느 날 시험을 보는데 교과서의 책장이 한 장 한 장 넘겨지면서 책 내용이 구체적으로 보였다고 한다. 응용문제가 많은 수학책은 답을 찾기 힘들었지만 당시 사회 교과와 같은 암기과목은 단어나 문장 자체가 읽었던 모양대로 영상을 떠올릴 수 있었다고 한다. 아마도 진로에 대한 뚜렷한 계획과 목표를 가지고 꾸준히 노력한 것이 운동선수들이 하는 이미지 트레이닝과 유사한 효과를 가져 온 것이라 생각된다.

한편, 사람이라면 누구나 자신의 인지와 정서를 알아차릴 수 있다. 지금의 기분과 생각이 어떤지 자각함으로써 다음 행동과 사고의 방향을 결정할 수 있다. 스스로 미처 파악하지 못한 감정으로 인해 인간은 문제해결 과정에서 크고 작은 실수를 저지른다. 감정을 조절하고 보다 나은 행동단계로 돌입하기 위해서도 마찬가지로 현재 모습에 대한 인식과 판단이 중요하다.

〈프로그램 진행〉

[STEP 1]

내 모습을 머릿속 영상으로 ①

♣ 진행의 팁

눈을 감고 현재 자신의 모습을 떠올려 보는 시간이다. 편안한 자세로 저 위에서 '내가 나를 내려다보는' 듯 스스로를 바라본다.

내 모습을 머릿속 영상으로 ②

♣ 진행의 팁

최근 가장 즐겁고 행복했던 때를 머릿속에 그려보도록 한다. 장소는 어디인지, 주변에 어떤 것들이 보이는지, 또 나의 표정과 기분은 어떤지를 표현한다.

내 모습을 머릿속 영상으로 ③

♣ 진행의 팁

최근 읽었던 동화책이나 소설, 만화책도 좋다. '만약 내가 그 동화 속의 주인공이라면!'이라는 상상을 해본다. 주인공은 곧 내가 되고, 나는 어떤 사람인지, 어떤 상황에 있는지, 나를 둘러싸고 벌어지는 관계들(가족, 친구, 이성친구 등)에서 문제점은 무엇인지 문제점이 있다면 어떻게 해결하고자 하는지 등 많은 대화를 이끌어내도록 한다. 물론, 진행자의 융통성을 발휘하여 참여자의 수준에 적합하도록 해야 한다.

[STEP 2]

교실 안의 나

♣ 진행의 팁

이 시간은 눈을 감고 현재 자신이 있는 공간에 대해 인지하는 시간이다. 학교 수업 중의 한 장면을 연상하여 현재 자신이 있는 공간과 상황을 스스로 인식하도록 하는 것이다.

교과서를 펼쳐라

♣ 진행의 팁

교과서를 펼치고 수업 중인 '나'의 모습을 가만히 떠올려 본다.

교과서를 머릿속으로

♣ 진행의 팁

지도나 그림 등 다양한 표식 등을 머릿속에서 이미지화하는 시간이다.

[STEP 3]

이미지 트레이닝 ①②③

♣ 진행의 팁

현재 '나'의 기분이나 상황을 인식하고 어떻게 좀 더 긍정적으로 변화시킬 수 있을지 생각해 보는 훈련이다. 이는 자신의 문제를 주체적으로 해결할 수 있는 밑거름이 된다.

chapter 6. 인지 · 정서 조절

무언가를 외우거나 이해하고자 할 때 흐트러진 마음가짐과 혼란스러운 주변 환경은 종종 방해 거리가 된다. 분한 마음에 감정이 격앙되어 있어도, 들뜬 마음으로 기분이 하늘을 날 것만 같아도 원하는 학습에 임하기가 쉽지 않다. 정서문제는 대부분 학습에 장애를 주게 된다. 또한 학습이 어려워짐으로써 정서에 영향을 주기도 한다.

언젠가 정서지능이라는 용어가 미국의 데니얼 골먼Daniel Goleman, 1995에 의해 알려지면서 동시에 감정이 학습과 사회활동에 미치는 영향을 설명하기 시작하였다. 즐거운 감정을 유지하는 것은 일상의 스트레스 극복과 더불어 학업이나 일을 성취하는 데 긍정적인 기여를 하는 것으로 알려져 있다.

현대 사회는 쏟아지는 각종 정보와 학습의 요구로 어린아이부터 노인에 이르기까지 과도한 스트레스를 극복할 길이 없다. 자기 자신의 정서를 이해하는 것은 문제를 바로 보고 해결과정을 단계적으로 밟아나가는 데 밑거름이 된다. 자신의 기분조차 인식할 틈을 못 찾는 어려움에 봉착하지 않도록 단계적인 노력을 기울여야 할 것이다.

〈적용 사례〉

동이는 부모의 걱정과 상관없이 학교 친구들의 언어와 행동습관에 익숙해지고 싶어 한다. 장난스럽게 가벼운 욕설을 주고받거나 장난스런 행위로 소속감을 갖기를 원하는 편이다. 하지만 부모의 바람은 사회적으로 바람직한 규율과 더불어 일상생활에서도 모범적으로 자라기를 기대한다. 이로 인해 동이가 받는 스트레스가 주로 친구들과의 어울림으로 해소되고 때에 따라 짓궂거나 거친 언행이 모방행동으로 많이 드러나고 있었다.

이 프로그램의 방향은 자신의 감정을 감추고 숨기는 것이 아니라 적절하게 표현할 수 있도록 하는 것이다. 따라서 프로그램 진행에 있어서도 자신의 감정을 정확하게 인지하고 적절하게 드러낼 수 있도록 하는 습관을 길러 주는 시간으로 꾸렸다.

〈프로그램 진행〉

[STEP 1]

나의 감정 알아차림

♣ 진행의 팁

내 기분에 대해 잘 알고 있을 때 인지적인 기능도 제대로 작동시킬 수 있다.

두 감정

♣ 진행의 팁

평상시 내 모습과 변화된 감정이 담긴 표정들을 그리고 각각의 때를 기입한다.

일상 속 나의 감정

♣ 진행의 팁

일상생활은 언제나 편안할 수 없다. 시시각각 변하는 나의 감정들을 어떻게 다루면 좋을지에 대해 참여자 스스로 생각해 볼 수 있도록 지도한다.

[STEP 2]

상황 속 나의 감정 ①②③

♣ 진행의 팁

학교, 가정, 또래집단 생활에서 예기치 않게 닥치는 상황을 설정하고 그 상황으로 인해 순간적으로 변화하는 자신의 감정을 스스로 알게 하고 표현하는 시간이다.

청소년뿐만 아니라, 아동들에게도 진행할 수 있는 시간인데, 아동의 경우 대체로 청소년보다 감정을 표현하는 단어가 부족해서 단순히 '좋다', '나쁘다'라는 이분법적 표현에 그치기도 하는데, 이 경우 좀 더 다양한 단어로 기분을 표현할 수 있도록 안내해야 한다. 또 가끔 '때린다', '욕을 한다' 등의 표현을 할 때도 있는데, 감정적으로 충분히 가능하지만 행동으로 이어져서는 안 된다는 점에 대해 주지시킬 필요도 있다.

[STEP 3]

감성과 이성의 조화 ①②③

♣ 진행의 팁

참여자 스스로 자신이 감성에 치우쳐 있는지, 이성에 치우쳐 있는지 자신의 성향을 알아보고, 감성과 이성의 균형을 어떻게 이루어야 하는지에 대해 생각해 보는 시간이다.

참고문헌

Daniel Goleman (1995). Emotional Intelligence. Bantam Books.

chapter 7. 학습동기 조절

동기는 '움직이다Weine Bernard, 1980'라는 기본적인 의미로 특정행동을 촉발시키는 힘 또는 그 역할을 지닌 것으로 알려져 있다. 학습자가 자신의 감정을 알아차리고 조율할 수 있다면 다음 단계로 스스로 목표를 세워 실행에 옮겨야 할 일이 남는다. 학습이 어려운 아동이나 청소년들은 반복해서 습득해야 할 것들을 소홀히 하거나 놓치기 때문에 학습내용을 인지하기가 어렵다. 과제를 꾸준히 수행해 나아가도록 하는 힘은 흥미나 기대한 바를 성취했을 때 느끼는 개인적인 만족에 있다고도 할 수 있다.

'마시멜로우 이야기Joachim et al, 2005'라는 책이 한때 대단한 인기를 끌었다. 어느 학자가 아동 두 집단에게 마시멜로우를 제시해 보니, 한 집단은 깡충깡충 뛰어다니는 토끼 흉내를 내면서까지 약속한 시간까지 기다리며 먹고 싶은 욕구를 참으려 애를 썼고 다른 집단은 얼른 손으로 집어 입에 넣었다. 훗날 각 구성원들의 성장을 지켜보니 전자 집단은 비교적 유명한 대학교에서 학업을 마치고 사회활동을 하고 있었으며 후자 집단은 성공과는 거리가 먼 인생의 길을 걷고 있는 것으로 파악되더라는 것이다.

더 나은 보상을 얻기 위해 현재 욕구를 참는 '만족의 지연' 행동이라고 일컬어지기도 하지만, 궁극적으로 인간이 본능에 따르기보다는 나은 결과를 기대하는 방식으로 감정과 이성의 조절 메커니즘, 즉 동기화 활동이 더욱 중요시될 것이다.

〈적용 사례〉

연두는 평소 말이 빠르고 행동도 민첩한 편이며, 인터넷 게임을 즐겨 하느라 학교 공부를 소홀히 한 적이 있다. 게임은 시간가는 줄 모르고 몰두할 수 있는데 교과서 내용을 머릿속에 담는 일은 너무 어려워했다. 우선, 책상 위에 가만히 앉아있는 것조차 습관화되지 않아 힘들어했고, 한 문장씩 글을 읽을 때마다 머릿속에는 게임 아이템이며 3D가 살려진 멋진 장면이 아른거렸다. 하지만, 아무리 우등생도 공부하다가 다른 생각이 떠오를 수 있으며 책상 앞에 오래 앉아 있기 힘들지만 마음을 다잡고 다잡아 내용을 숙지하는 노력을 기울인다는 사실을 알았다.

이후로 학습동기화가 이루어지지 않아 집중이 안 될 때에도 낙담하지 않고 몰입할 수 있게 되었다.

〈프로그램 진행〉

[STEP 1]

하기 싫지만 반드시 해야 할 일이 있다면?

♣ 진행의 팁

하기 싫은 일을 떠올려 목록으로 만들어보는 시간이다. 분명히 하기 싫지만 해야 할 일들이 있다. 만약의 경우에 대비해야 하며 감정을 잘 다루어 후회할 일을 막도록 하는 데 목적이 있다.

좋아하는 과목과 싫어하는 과목 균형잡기

♣ 진행의 팁

평소 좋아하는 과목과 그 이유, 싫어하는 과목이 있다면 무엇인지와 이유에 대해 적어본다. 좋아하는 이유와 싫어하는 이유를 파악하여 싫어하는 이유를 최소화하고 어떻게 동기화할 수 있는지를 파악할 수 있도록 한다.

제대로 하려면?

♣ 진행의 팁

할 일 목록을 적어본 뒤 일정 횟수를 달성하면 본인에게 줄 선물도 생각해 보자. 이 선물은 스스로 동기부여를 하기 위한 것이다. 큰 선물이 아니더라도 좋다. 예를 들면, '일주일 동안 1~3단원까지 영어 단어를 외우면, 주말에 PC게임을 1시간 한다'는 것도 선물이 될 수 있다.

[STEP 2]

열매의 탄생

♣ 진행의 팁

사과나무에 사과가 열리기까지의 과정을 그림으로 표현해 본다. 진행자는 그 과정을 설명해주면서 그림을 그릴 수 있도록 지도한다.

"흙에 씨앗이 뿌려지고 묘목으로 자란 후 사과꽃을 피웁니다. 활짝 핀 꽃은 오래지 않아 금방 져서 땅에 떨어지게 되고 그 자리엔 열매가 자라나기 시작하는데요, 이 열매는 비바람을 맞기도 하고 강렬한 여름햇살을 받기도 하며 빨갛게 익어갑니다."

지식의 탄생

♣ 진행의 팁

앞서 진행한 것과 같은 방식으로 진행한다.

"앎에서 시작된 지식, 구조를 형성하는 뼈대가 만들어져 머릿속에 담게 됩니다. 한 동안 기억 속에 남아 있지만 곧 망각의 위기들을 맞게 되지요. 반복학습을 통해 알고 있는 지식을 지켜내고 살을 붙여 더 멋진 지식으로 가꾸는 과정이 필요합니다."

습관의 탄생

♣ 진행의 팁

이 시간은 긍정적인 습관을 만들 수 있도록 안내하는 시간이다. 긍정적인 습관이 만들어지면 더없이 편해지는 생활, 내가 힘들이지 않고도 잘할 수 있는 일들이 무엇인지 알아본다.

[STEP 3]

배워서 얻는 유익 ①②

♣ 진행의 팁

배움을 통해서 자신이 얻을 수 있는 것이 무엇인지 생각해 보면서 배움의 동기를 찾아보는 시간이다.

▷ 예시

배워서 얻는 유익 ①: 내가 갖고 있는 지식을 언제든 사용할 수 있다.

배워서 얻는 유익 ②: 배운 것을 말할 수 있다. 배운 것을 친구들에게 가르쳐 줄 수 있다.

참고문헌

Weine Bernard (1980). *Human motivation*. New York : Holt, Rinehart, and Winston.

Joachim de Posada & Ellen Singer (2005). *Don't Eat The Marshmallow Yet!: The Secret to Sweet Success in Work and Life*. Berkley Publishing Group.

chapter 8. 시간 · 공간 관리

우리가 보통 자원이 한정되어 있다는 이야기를 듣지만, 시간도 자원이므로 소중히 여겨야 한다는 생각을 쉽게 잊는다. 공간도 마찬가지로 약간의 환경변화로 얻을 수 있는 이익을 간과해 버리기 십상이다.

하루는 24시간으로 정해져 있지만 개인에 따라 주어진 과제를 처리하느라 똑같은 시간을 48시간처럼 사용하거나 물처럼 흘러 보내기도 한다. 시간을 효율적으로 관리하는 것은 '우선순위 정하기'가 핵심이다.

큰 돌멩이를 먼저 집어넣어야 생겨난 그 틈새들 사이로 작은 돌멩이와 자갈, 모래도 함께 담을 수 있는 것이다. 반대로 자잘한 모래와 자갈들은 큰 돌멩이 넣을 여유 공간을 남기지 못한다. 어떤 사람은 정리정돈을 잘하지만, 또 어떤 사람은 그렇지 못하다. 정리를 잘하는 사람은 항상 그 물건은 그 장소에 두기 때문에 금방 찾을 수 있지만, 그렇지 못한 사람은 물건을 찾느라 애를 먹곤 한다. 흩트려 놓여 있어도 찾는 사람이 곧바로 찾을 수 있다면 상관없겠지만 필요로 하는 것을 찾지 못해 귀중한 시간을 낭비하는 경우도 있다. 틈틈이 정리해두거나 규칙적으로 정리하는 습관은 학습자가 논리적으로 사고하거나 감정을 가라앉히며 배움에 대한 동기를 유발하는 내면의 환경도 변화시킬 것이다.

〈적용 사례〉

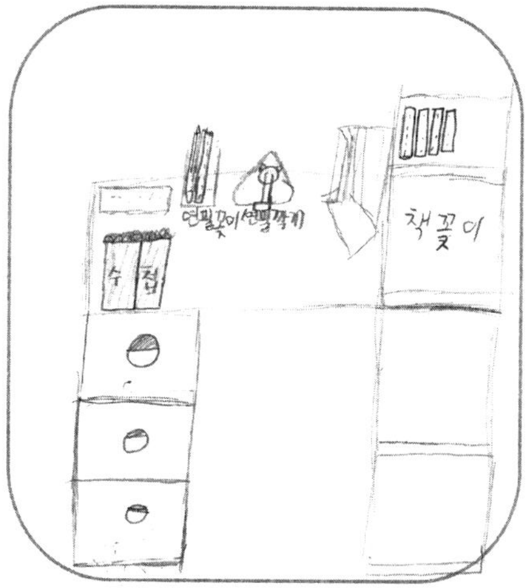

옆의 그림은 프로그램에 참여했던 재훈이가 자신의 책상을 그린 모습이다. 재훈이는 평소에도 정리정돈을 잘하고 프로그램을 진행할 때도 집중도가 우수한 편이다. 주변 환경이 어지럽고 지저분하면 아무래도 한 곳에 집중하기 어렵고, 자꾸 다른 곳에 신경이 쓰이고 시선을 빼앗기게 된다. 즉, 재훈이의 책상처럼 깔끔하게 정돈되어 있으면, 쓸

데없이 물건을 찾는 데 시간을 낭비하지 않아도 되고 학습에 있어서도 쉽게 몰입할 수 있다.

또 다른 참여 학생인 링은 나이도 어리지만 같은 연령대의 다른 학생들과 비교해도 기초학습능력이 다소 부족한 편이다. 그렇지만 링은 시간을 잘 활용하면 나중에 원하는 일을 하거나 멋진 사람이 될 수 있다는 생각을 갖고 있었다. 시간 관리에는 공부하는 시간뿐만 아니라 운동을 하거나 정리를 하거나 식사를 하는 시간도 모두 포함된다는 사실을 인식하고 있었지만, 막상 시간 관리를 어떻게 해야 하는지에 대해서는 어려워했다. 링과의 프로그램은 시간을 구조화하고 스스로 계획을 세울 수 있는 습관을 기르는 데 중점을 두고 진행하였다.

〈프로그램 내용〉

[STEP 1]

나의 하루

♣ 진행의 팁

이 시간은 현재 내가 시간을 어떻게 보내고 있는지를 그려보는 것이다. 일과표를 작성하는 것이지 계획표를 만드는 것이 아니라는 점에 유의하도록 해야 한다. 주중과 주말 동안에 시간을 어떻게 활용하고 있는지, 쓸데없이 허비하는 시간은 없는지 등을 정리하도록 한다.

시간 관리에 대하여

♣ 진행의 팁

유익하게 시간을 보내는 때와 그렇지 못한 경우를 떠올려 보는 시간이다. 자신에게 유익한 시간과 그렇지 않은 시간을 스스로 객관적으로 판단할 수 있도록 한다.

나의 생활습관 점검하기

♣ 진행의 팁

한정된 시간을 유용하게 보내기 위한 좋은 습관과 나쁜 습관을 정리해 보고, 고쳐야 할 점은 없는지 생각해 보는 시간이다.

[STEP 2]

공부방 점검하기

♣ 진행의 팁

자신이 공부하고 있는 방을 그려본다. 좀 더 집중해서 공부할 수 있는 구도는 없는지 함께 고민해 본다.

책상 위 점검하기

♣ 진행의 팁

잘 정리되어 있지 않은 책상은 집중에도 도움이 되지 않는다. 혹시 책상 위에 불필요한 물건은 없는지 점검할 수 있도록 한다.

나만의 공부방 꾸미기

♣ 진행의 팁

그렇다면, 공부방과 책상은 어떻게 정리되어야 할지, 참여자가 스스로 생각해 볼 수 있도록 한다. 이때 진행자는 학생들이 너무 비현실적이지 않도록 지도해야 하며, 되도록 주어진 환경과 상황에서 최선의 방안을 찾아낼 수 있도록 도와야 한다.

[STEP 3]

시간 활용하기

♣ 진행의 팁

다양한 활동들을 중요도에 따라 크고 작은 동그라미에 적도록 한다. 필요하다면, 더 많은 동그라미를 그릴 수 있도록 진행한다. '중요한 일'이 무엇인지 정리할 때에는 자신이 좋아서 중요한 것인지, 꼭 해야 하고 필요한 일이기 때문에 중요한 것인지를 생각해서 판단할 수 있도록 지도한다.

우선순위 정하기

♣ 진행의 팁

스스로 중요하게 생각했던 일과 소홀히 여겼던 일이 무엇이었는지를 정리해 본다. 중요도와

긴급성에 따라 4가지로 분류하였다.

이는 때에 따라 달라질 수 있다. 특히 학생들의 경우 일상적으로 '공부'가 우선순위에서 다소 밀릴 수 있지만 시험기간이 되면 최우선순위가 될 수 있다. 이렇듯 일반적인 상황에서 시험기간과 같은 변화가 생길 때 우선순위를 정하면 좀 더 계획적으로 생활할 수 있다.

목표를 세우고 계획하기

♣ 진행의 팁

자신의 목표를 좀 더 미시적인 수준에서 구체적으로 계획해 보는 시간이다. 물론, 단지 목표 세우기가 중요한 것이 아니라, 실천하는 것이 중요하다. 하루가 지나고 일주일이 지나고 한 달이 지났을 때 각각의 목표가 어느 정도 실천이 되었는지를 스스로 점검하고 다음 목표를 세워 나가는 것이 필요하다.

chapter 9. 책읽기와 글쓰기 전략

책읽기는 단지 지식을 얻는 것을 넘어 정신적인 자양분이 될 수 있다. 새로운 지식을 접하는 통로가 되며 지식을 전하고 안내하는 멘토가 된다. 책을 잘 읽는 요령은 시간과 공간을 적절하게 구조화하고 멘토(책의 저자)가 말하고자 하는 바를 지속적으로 떠올리는 것이다.

서점에 가면 아동과 청소년을 위한 학습만화는 물론 어른들도 재미있게 읽을 수 있도록 만화나 일러스트로 꾸민 책을 접할 수 있다. 학생들은 머리에 쏙쏙 들어오지도 않는 지루한 글을 억지로 읽을 필요 없이 한 눈에 정보를 받아들일 수 있는 이미지로 내용을 기억하게 되었다. 어른들도 마찬가지이다. 글을 읽는 것 뿐 아니라 쓰는 일도 한 때는 그림으로 표현할 수 있도록 '마인드맵핑토니 부잔, 2000'을 학교에서 학습시키기도 한다.

〈적용 사례〉

그림들은 각각 '조선왕비독살사건', '자아놀이공원', '삼대'라는 책을 읽은 학생들이 나름의 관점과 생각으로 감상을 표현한 것이다. 키워드를 적어 넣고 마인드맵으로 그리거나 간략한 그림과 함께 당시 사회·문화적 배경에 대해 설명하기도 하였다.

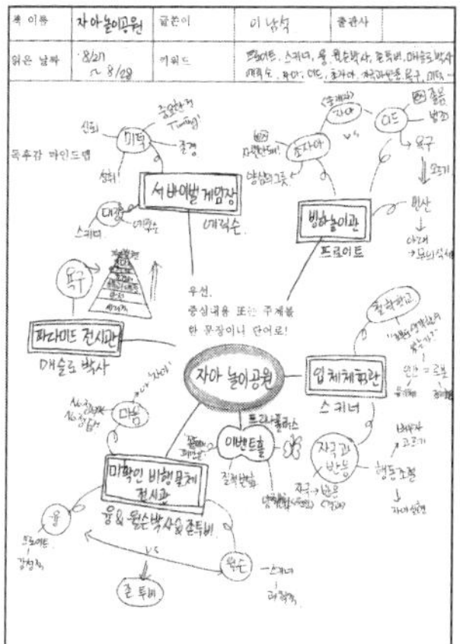

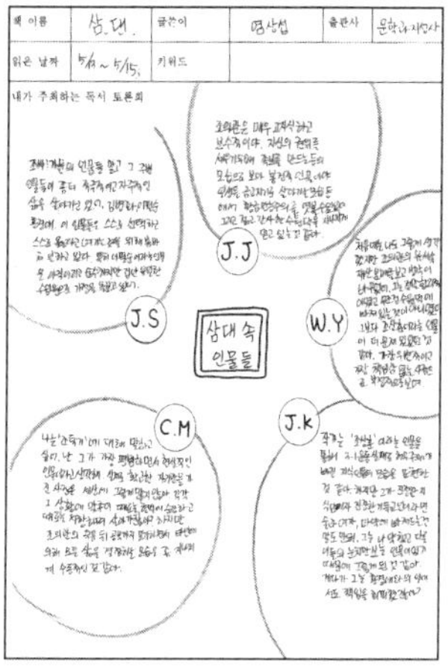

(※ 국제고등학교 신혜원 외 두 명의 학생이 자료에 도움을 주었습니다.)

〈프로그램 진행〉

[STEP 1]

내가 그리는 한 폭의 독서감상화

♣ 진행의 팁

단순히 줄거리에 치중해서 그림을 그려야 하는 것은 아니기 때문에 정답은 없다. 이성이나 논리성이 강한 참여자는 내용 전개나 인물들의 관계를 토대로 그림을 그리기도 하며, 감성이 발달한 참여자는 자신이 감동받은 한 장면을 떠올려 그림을 그리기도 한다.

많은 아이들이 독서감상문을 숙제로만 생각하기 때문에 책을 읽은 후 그 내용을 정리하는 것 역시 숙제로 받아들일 수 있는데 이렇게 독서감상화를 그려 보는 것은 또 다른 독서감상문이면서 아이들의 흥미를 유발할 수 있으며 글쓰기에 대한 부담을 줄일 수 있다.

독서 내용 마인드맵

♣ 진행의 팁

책의 주제와 줄거리를 생각하면서 마인드맵을 해보는 시간이다. 스스로 자신이 책의 내용을 제대로 파악하며 읽었는지를 정리할 수 있도록 한다. 중심 내용이나 책의 주제를 적고 그것을 토대로 가지가 뻗어나가듯 연결된 세부 내용이나 주제를 정리하는 것이다.

한 주간 읽을 책 한 권

♣ 진행의 팁

앞으로 읽을 책을 한 권 정하고 그 책의 내용은 무엇인지 먼저 생각해 보는 시간이다.

[STEP 2]

내 마음대로 각색하기

♣ 진행의 팁

[STEP 1]을 진행하면서 읽었던 책이나 그 전에 읽었던 책도 상관없다. 재미있고 감명 깊게 읽었던 책의 내용을 떠올리면서 각색을 해보는 시간이다. 결말 부분만을 바꿀 수도 있고, 주인공의 상황(가족, 친구, 경제력 등)을 수정할 수도 있고, 처음부터 전혀 새로운 이야기를 만들어

내는 친구들도 있다. 진행 방식은 [STEP 1]에서 진행했던 마인드맵과 동일하게 중심 내용이나 주제를 적고 그것을 토대로 가지가 뻗어나가듯 세부 내용으로 뻗어나갈 수 있도록 한다.

글이 써지는 나무 ①②

♣ 진행의 팁

쓰고 싶은 책이 있는가? 필요한 자양분으로 어떤 경험과 활동이 필요한지 생각해 본다. 쓰고 싶은 주제에 대해 내용을 세분화하고 구체적인 활동과 경험 내용들로 탄탄히 뿌리내리게 한다.

[STEP 3]

기자 · 리포터가 되다

♣ 진행의 팁

가족이나 이웃, 친구들 소식을 담아 기사를 작성해 본다. 기사 작성 작업으로 내용을 파악하고 주제를 정하여 전달력을 키울 수 있도록 한다. 휴대전화 또는 카메라를 이용하여 사진이나 동영상을 찍어보는 것도 재미를 더할 수 있는 방법이다.

존경하는 인물 인터뷰

♣ 진행의 팁

유명한 사람이나 가족이나 친척 등 존경하는 사람을 인터뷰해 보는 시간이다.

베스트셀러 작가가 되다

♣ 진행의 팁

자신이 낸 책의 주제와 내용은 무엇인지, 인터뷰를 하게 된다면 꼭 하고 싶은 말은 무엇인지 등을 생각해 보고, 프로그램이 집단으로 이루어질 경우 서로 모의 인터뷰를 진행하는 것도 재밌는 시간을 꾸릴 수 있는 방법이다.

참고문헌

Buzan, Tony & Barry (1994). The mind map book : how to use radiant thinking to maximize your brain's untapped potential. New York : Dutton.

chapter 10. 진로결정과 목표수립

배우는 사람은 꿈과 목표가 있다. 이들은 가야 할 방향과 길을 명확히 찾기 위해 지식을 얻으려 노력하고 전략을 세운다. 따라서 배우려는 의지를 갖추는 등 자발적으로 감정과 인식의 선순환 구조에 몰입하는데 앞서 익힌 사고력, 주의집중력, 기억력과 같은 기본적인 능력이 윤활유 역할을 할 것이다.

가고자하는 방향과 도달지점을 분명히 하였기에 달걀을 품었던 에디슨도 전등과 축음기 같은 발명품을 만들어냈고 ADHD 치료를 받은 경험이 있는 것으로 알려진 펠프스 역시 수영 황제로 한때 자리매김하게 되었다. 이 단계에서는 진로결정과 목표의 중요성을 깨닫도록 하는 데 주력한다.

〈적용 사례〉

그림은 동화작가를 꿈꾸는 민희의 성공계단이다. 초등학교 4학년인 현재 국어 공부를 가장 재밌게 여기고 있으며, 꿈을 이루기 위해 더 열심히 해야 한다고 생각하고 있다. 대학교를 졸업한 뒤에는 자신만의 동화를 집필하는 꿈을 꾸고 있다. 자신의 꿈을 표현하는 것은 그 꿈을 보다 구체화하고, 그 꿈에 도달하기 위한 계획을 짜는 데에도 도움을 준다.

〈프로그램 진행〉

[STEP 1]

세상의 모든 직업

♣ 진행의 팁

나이가 어린 친구들은 다양한 직업에 대해 접할 기회가 없어서 연예인, 선생님, 운동선수 등에 한정될 때가 많다. 또한 주변에서 흔히 볼 수 있는 직업이지만, 그것을 직업으로 인식하지 못하는 경우도 있다. 되도록 다양한 직업을 적을 수 있도록 책이나 드라마의 등장인물이나 주변에서 흔히 볼 수 있는 직업군을 소개해 주는 것도 좋다.

▷ 예시

1. 다양한 직업: 선생님, 운동선수, 연예인, 사회복지사, 상담가, 회계사, 환경미화원, 목수, 농부, 요리사, 분장사, 웹디자이너, 조향사, 여행 설계사, 게임 시나리오 작가, 바리스타, 만화가, 유치원 교사, 의사, 간호사, 물리치료사, 약사, 한의사, 번역가, 통역가, 편집자, 조각가, 화가, 검사, 변호사, 판사, 속기사, 법무사, 노무사, 성직자, 토목 전문가, 건축 전문가, 인테리어 디자이너, 의상 디자이너, 경찰, 형사, 소방관, 자영업 등등
2. 내가 원하거나 주변에서 권하는 직업
   컴퓨터 (이유) 게임을 잘한다.
   판사 (이유) 잘못한 사람에게 벌을 내릴 수 있다.
   수영선수 (이유) 박태환 선수처럼 되고 싶다.

성공의 계단

♣ 진행의 팁

자신의 미래를 그리거나 적어보는 시간으로 활용한다. 어떤 인물이 되어있을지 생각해 보고 이미지를 구체화하는 작업이다. 마련된 워크지는 태어남, 생일, 기억에 남는 일, 입학, 졸업, 경조사와 같은 생애사건을 중심으로 재구성하여 활용할 수도 있다.

진로결정을 위한 점검과 마음가짐

♣ 진행의 팁

자신이 꿈꾸고 목표하고 있는 일들이 현실적으로 가능한지, 자신이 얼마나 원하고 있는지, 어떻게 하면 실현 가능성을 높일 수 있는지를 생각해 보는 시간이다. 이는 자신의 꿈과 목표를 좀 더 객관적으로 구체화하는 시간이다. 나이가 어린 아동일수록 비현실적인 꿈을 꾸는 경우가 많은데, 진행자는 아동이 쉽게 낙담하고 포기하지 않도록 신경을 쓸 필요가 있다.

[STEP 2]

앞서 간 인물의 발자취 ①②③

♣ 진행의 팁

역사가들은 과거를 통해 미래를 볼 수 있다고 이야기한다. 마찬가지로 앞서 간 인물들의 생애를 살펴봄으로써 자신의 미래를 생각해 볼 수 있는 시간이다.

[STEP 3]

가고자 하는 길 탐색 ①②③

♣ 진행의 팁

앞서 간 사람들의 과거를 살펴보았다면, 이제는 내가 어떻게 살아갈지에 대한 상상의 나래를 펼쳐보는 시간이다. 무한한 상상력으로 자신의 미래를 그려낼 수 있도록 참여자를 격려하자.

참고문헌

http://www.bbc.co.uk/blogs/ouch/2008/08/michael_phelps_is_one_of_us.html

(15:39 UK time, Tuesday, 26 August 2008, 검색일자 2010년 4월 19일)